DINAMICA

Gael Lindenfield

Autoestima

Traducción de Mercedes García

PLAZA & JANES

Título original: *Self Esteem*
Diseño de la portada: Josep M.ª Mir
Fotografía de la portada: A.G.E.

Primera edición: octubre, 1996

© 1995, Gail Lindenfield
© de la traducción, Mercedes García Ruiz
© 1996, Plaza & Janés Editores, S. A.
Enric Granados, 86-88. 08008 Barcelona

Printed in Spain – Impreso en España

ISBN: 84-01-52038-X
Depósito legal: B. 35.129 - 1996

Fotocomposición: Lorman, S. L.

Impreso en Cremagràfic
Bernat Metge, 197. Sabadell (Barcelona)

L 52038 X

ÍNDICE

TERCERA PARTE
PROGRAMAS DE AUTOAYUDA

CUARTA PARTE
UTILICE SU ENERGÍA PARA
FORTALECER A LOS DEMÁS

AGRADECIMIENTOS

Deseo dar las gracias de nuevo a todas las personas que han participado en mis cursos y que han colaborado y trabajado con tanta entrega para reconstruir su autoestima dañada.

También quiero agradecer a James y a Marie, quienes me han ilustrado con sus envidiables conocimientos sobre coches.

Agradezco a Ari Badaines que sembrara, sin saberlo, una de las semillas que hicieron crecer mi interés por el desarrollo de la autoestima. Ha sido un instructor de psicodrama inspirador y creativo que me ha ayudado a recuperar mi propia autoestima en varias ocasiones vitales.

Agradezco a Jessica Stockham sus magníficas ilustraciones. Me considero privilegiada por contar con una compañera tan creativa y graciosa que comprende lo que quiero cuando ni yo misma lo sé.

Muchísimas gracias a mi familia (y a Marie) por soportar la tensión y apoyarme en la pesada fase final de la producción de este libro.

Por último, como siempre, Stuart, mi marido, ha sido un valioso apoyo. No sólo sacrifica de buen grado su valioso tiempo libre para redactar cuando se lo pido, sino que actúa como estimulante portavoz de mis ideas, incluso cuando surgen en los momentos más inoportunos.

INTRODUCCIÓN

La falta de autoestima ya no es un problema sólo de las personas necesitadas, deprimidas o depravadas. Incluso los individuos más seguros de sí mismos, atentos y afortunados, tienen cada vez más problemas para sentirse bien de manera permanente. Es difícil sentirnos bien con nosotros mismos cuando nos enfrentamos no sólo a desafiantes evaluaciones laborales, sino también al creciente número de libros y programas de televisión sobre cómo ser mejor padre, madre, hijo, hija, amante, amigo e incluso vecino.

En las últimas décadas la psicología popular y los medios de comunicación han mejorado notablemente nuestro conocimiento de nosotros mismos y nos han proporcionado retos apasionantes para nuestro desarrollo, pero también han forzado los límites de la autoestima de muchas personas. Estoy segura, por lo que he leído y por la experiencia de otros compañeros míos de distintos países, de que el problema no conoce fronteras. En el mundo existen muchas personas que se tambalean bajo el peso de la culpa autodestructiva. Pero, al mismo tiempo, cuando nos miramos en el espejo y nos vemos demasiado gordos, demasiado flacos, demasiado jóvenes, demasiado pobres, demasiado vagos o demasiado ignorantes, puede que nos reprochemos severamente el preocuparnos por semejantes trivialidades egoístas sabiendo que hay gente que padece hambre y guerras que amenazan su vida.

¿A QUIÉN VA DIRIGIDO ESTE LIBRO?

Parece que, en el hostil contexto de una recesión que constituye una amenaza para la seguridad en nosotros mismos, los nuevos valores de la informada década de los noventa están imponiéndonos niveles cada vez más inalcanzables. El resultado es que personas que nunca se habían cuestionado su valía, acuden ahora al mundo de la terapia para elevar su respeto por sí mismas. Creo que para muchas personas como yo misma, que han visto su autoestima gravemente lesionada en su infancia o que han experimentado un trauma grave en la edad adulta, el asesoramiento profesional debería ser gratuito. Estas personas necesitan y merecen más ayuda de la que un mero libro puede ofrecerles. Pero también sé que hay muchas personas cuya angustia y sufrimiento emocional no son tan graves, a quienes les vendría muy bien un poco de ayuda para elevar su autoestima. Por lo tanto, al escribir este libro he tenido en cuenta principalmente las necesidades de las personas:

- Que normalmente tienen suficiente seguridad y respeto por sí mismas para «funcionar» diariamente, pero sospechan (con razón) que sacarían mucho más partido de sí mismas y de sus vidas si

sus niveles de autoestima fueran *permanentemente más elevados.*
- Cuya autoestima está atravesando *temporalmente una mala época* (p. ej., por haber suspendido un examen, por un rechazo amoroso, un divorcio, un despido, un cambio de trabajo o por responsabilidades familiares) y buscan una forma rápida y eficaz de recuperarse.
- Que desean mejorar su capacidad de aumentar y fortalecer la *autoestima de los demás.*

Espero que este libro sea útil también para las personas que estén a la espera de ayuda profesional o que deseen complementar ésta mediante la autoayuda.

CÓMO SE CONCIBIÓ ESTE LIBRO

Es curiosa la forma en que una conversación fortuita e intrascendente puede influir profundamente en el curso de nuestras vidas. Recuerdo la causa de que yo escribiera este libro: una sencilla charla de cinco minutos mantenida hace diez años entre uno de mis preparadores, Ari Badaines, y yo. (En aquella época ninguno de los dos estábamos para muchas filosofías, pues nuestra principal preocupación era conseguir algo para llevarnos al estómago.)

Desgraciadamente, como Ari trabaja ahora al otro lado del mundo, tardamos años en vernos. La última vez que coincidimos, me resultó interesante que él también recordara con todo detalle la conversación, aparentemente trivial, que habíamos mantenido de camino hacia el comedor. Esta conversación fue más o menos así:

ARI: ¿Cómo te va? ¿Qué haces ahora?

GAEL: Acabo de crear un proyecto de salud mental y hemos organizado distintos grupos de autoayuda para personas que luchan por salir adelante por sí mismas con diversos problemas como depresión, fobias, ansiedad, obsesión, trastornos de la alimentación, falta de seguridad en sí mismos, problemas con los hijos y cuidado de ancianos en el hogar.

ARI: ¿Y qué tal funcionan?

GAEL: Tienen mucho éxito. A la gente le gusta estar con otras personas que tienen las mismas dificultades, pero no estoy segura de que los grupos estén «curando» a nadie. Resulta interesante, porque encuentro que los mismos problemas surgen una y otra vez en distintas personas.

ARI: Sé lo que quieres decir. Creo que estoy llegando a la conclusión de que sólo existe un problema, que comparte casi todo el mundo: *la falta de autoestima.*

Poco después de esta conversación, decidí experimentar y junté a personas de distintos grupos bajo el nombre genérico de «El grupo de los martes». Esta medida tuvo un gran éxito. Puesto que no podíamos seguir centrándonos en los síntomas, que eran demasiado diversos, nos centramos en el problema básico que todos compartían: la falta de seguridad en sí mismos. Este inesperado giro de los acontecimientos me hizo volver a pensar y a experimentar. Como resultado, la siguiente década de mi vida tanto personal como profesional ha estado dominada por la búsqueda de los secretos de la confianza en sí mismo. Con este libro, creo que voy acercándome a la puerta de mi destino. (¿Sonríes, Ari?)

¿LUJO O NECESIDAD?

He descubierto que la autoestima es no sólo la llave de oro que abre las posibilidades de volvernos super-seguros de nosotros mismos, sino que también actúa como el *corazón* de nuestra personalidad psicológica, y es tan vital para nuestra supervivencia como su homólogo físico. Cuando la autoestima está fuerte y sana y bombea energía por nuestras venas emocionales, tenemos la vitalidad y la motivación para aceptar el desafío de la vida. Pero cuando se halla en dificultades, cansada o débil, también lo estamos nosotros.

Pero, preguntarán los cínicos, ¿no es todo un psicoparloteo evasivo y autoengañoso? Lo que el mundo y las personas necesitan no es una investigación egoísta de nosotros mismos, sino estrategias políticas y económicas eficaces. Éste solía ser un argumento bastante frecuente, pero afortunadamente existen muchas investigaciones eruditas procedentes de universidades de todo el mundo, que apoyan las meditaciones menos científicas de terapeutas como yo. Incluso algunos gobiernos que recortan gastos (entre ellos los de EE.UU. y Rusia) empiezan a ver el sentido de asignar recursos a proyectos de refuerzo de la autoestima, dado que hay crecientes muestras de que una autoestima elevada es de vital importancia no sólo para que las personas estén sanas y felices, sino también para que los grupos, organizaciones y comunidades funcionen bien.

CONTENIDO DEL LIBRO

Al igual que mis otros libros sobre desarrollo personal, éste se ha concebido como un programa de autoayuda. Puede llevarse a cabo independientemente o en el marco de un grupo de apoyo.

El libro consta de cuatro partes, cada una de las cuales abarca un área distinta:

- La primera parte, Análisis de los principales elementos, explica el concepto y los efectos de la autoestima y cómo se construye, se fortalece y se destruye.
- La segunda parte, Sentar las bases para la acción, describe las principales estrategias de curación y autoprotección necesarias para apuntalar el trabajo de fortalecimiento de la autoestima.
- La tercera parte, Programas de autoayuda, ofrece programas prácticos de ejercicios y listas que le ayudarán a reconstruir la propia valía en decadencia y a mantenerla en plena forma. Incluye un programa de ejercicios que puede utilizarse como un «servicio» anual para su autoestima y otro que le ayudará a recuperar fuerzas tras un trauma emocional, como un rechazo, la pérdida de un ser querido, un divorcio, un despido o un grave error, inconveniente o fracaso.
- La cuarta parte, Utilice su energía para fortalecer a los demás, contiene consejos y ejercicios que le ayudarán a desarrollar su capacidad para fortalecer la autoestima de los demás. Contiene orientaciones sobre cómo llevar a cabo esta tarea en tres funciones específicas: como jefe, como padre y como ciudadano.

La mejor forma de aprovechar este libro es probablemente leerlo una primera vez rápidamente para formarse una idea global de su contenido y de los ejercicios prácticos que se proponen. De esta forma, se estará más capacitado para planear un programa eficaz para uno mismo o para su grupo, sirviéndose de las distintas secciones del libro según convenga a sus necesidades individuales.

Espero que encuentre este trabajo de fortalecimiento de la autoestima tan fascinante y gratificante como lo hemos encontrado cientos de personas y yo. ¡Suerte!

PRIMERA PARTE

ANÁLISIS DE LOS PRINCIPALES ELEMENTOS

I
¿QUÉ ES LA AUTOESTIMA?

En mi búsqueda de la definición perfecta de la autoestima, he encontrado literalmente cientos de opiniones y descripciones distintas. Cuando intenté resumirlas en un par de párrafos concisos, la cabeza empezó a darme vueltas. Quizá en gran medida para proteger mi propia salud mental, decidí hacer otra cosa.

Pensé en empezar desde la perspectiva de mi propia experiencia. Después de todo, tengo un interés superior al puramente académico en este tema. El fortalecimiento de la autoestima sigue en gran medida formando parte tanto de mi vida personal como de mi vida profesional.

Cuando empecé a reflejar mi propia experiencia se me ocurrió pensar que una de las razones por las que existen tantas definiciones de autoestima es que ésta consiste fundamentalmente en un estado del ser. Es un acontecimiento dinámico y subjetivo de nuestro cuerpo y nuestra mente, más que algo estático y tangible que pueda observarse y medirse directa y fácilmente. Para complicar aún más las cosas, parece que cuando experimentamos nuestra autoestima, se sucede una serie de miniacontecimientos. A veces, todos ellos parecen ocurrir en un instante, pero otras veces pueden desarrollarse paso a paso a lo largo de un lapso de tiempo mucho mayor.

DESDE DENTRO

En la página 24 se ilustra un sencillo análisis de lo que sucede en nuestro cuerpo y en nuestra mente cuando experimentamos una sensación positiva de solidez de nuestra autoestima (aunque no seamos conscientes de este proceso).

Espero que esta descripción se ajuste a su propia experiencia. En caso contrario, me interesaría conocer qué percibe usted cuando siente que su autoestima está fuerte. Mientras tanto, espero que acepte este análisis subjetivo como definición de trabajo a los efectos de este libro.

DESDE FUERA

Observemos ahora esta experiencia de la autoestima desde una perspectiva externa y veamos cómo la perciben los demás.

Mientras lee los apartados siguientes, intente pensar en personas que conozca y que reúnan algunas de estas características o todas ellas. Pensar en ejemplos concretos de autoestima auténtica le ayudará a reforzar su motivación para alcanzar su objetivo. Ver ayuda a creer, especialmente en las difíciles fases de modificación de nuestra personalidad psicológica.

Cómo reconocer a una persona con autoestima elevada

He aquí algunas de las cualidades más importantes que pueden observarse en el *aspecto* y en el *comportamiento* de aquellas personas cuya autoestima es positiva y sólida.

- TRANQUILIDAD Y RELAJACIÓN. Parecen estar tranquilos y dominar la situación, incluso cuando se enfrentan a retos difíciles y temibles. Suelen adoptar una postura erguida y generalmente no hay señales de tensión en sus caras o en sus miembros. Después de atravesar períodos de mucha tensión, siempre se toman un descanso para recuperarse y recobrar su calma y serenidad.

- BIEN CUIDADOS. Desprenden una sensación de bienestar y tienen aspecto de estar a gusto en su cuerpo, bien nutrido y ejercitado. Es evidente que se han preocupado por arreglarse y por su aspecto, incluso si van vestidos de manera informal. No se consienten costumbres autodestructivas como comer, beber o dormir demasiado, y siempre que están enfermos o sometidos a tensión dedican especial atención a su cuerpo.

- ENÉRGICOS Y RESUELTOS. Están llenos de vida, tanto mental como físicamente. Suelen disfrutar con el trabajo y emprenden todas sus actividades con entusiasmo y placer. Están muy motivados y, a menos que se encuentren en una fase de cambio y transición creativa, siempre conservan su norte. Por ello, aunque se preocupan por detenerse y cargar baterías de vez en cuando, no se los ve a la deriva o estancados en la rutina.

1 ELABORO LA CREENCIA, CONSCIENTE O INCONSCIENTE, DE QUE SOY BUENO COMO SER HUMANO
2 COMIENZO A EXPERIMENTAR SENSACIONES FÍSICAS DE CALIDEZ, RELAJACIÓN Y VITALIDAD.
3 ELABORO MENTALMENTE APRECIACIONES ESPECÍFICAS SOBRE MI VALÍA, POR EJEMPLO: SOY ATRACTIVO, SOY FUERTE, SOY INTELIGENTE...
4 FORMO JUICIOS DE VALOR Y CREENCIAS POSITIVAS SOBRE MÍ MISMO Y MIS POSIBILIDADES, POR EJEMPLO: MEREZCO SER FELIZ, TENGO LO QUE NECESITO, GUSTO A LOS DEMÁS Y ME QUIEREN...
5 EXPERIMENTO UNA SENSACIÓN DE MAYOR SEGURIDAD Y OPTIMISMO.
6 EXPERIMENTO UNA SENSACIÓN DE CONFIANZA EN EL MUNDO Y EN LAS PERSONAS QUE ME RODEAN.
7 ELABORO LA CREENCIA DE QUE ES ALTAMENTE PROBABLE QUE CONSIGA LO QUE DESEO Y NECESITO.
8 SIENTO CÓMO AUMENTA EL NIVEL DE ENERGÍA DE MI CUERPO.
9 SIENTO QUE MI MENTE ESTÁ MÁS ÁGIL Y QUE EMPIEZA A LLENARSE DE IDEAS.
10 COMIENZO A ACTUAR PARA CONSEGUIR LO QUE DESEO Y NECESITO.
11 SIENTO UNA SENSACIÓN DE ORGULLO, SATISFACCIÓN Y FELICIDAD A MEDIDA QUE CONSIGO LO QUE DESEO.
12 ELABORO LA CREENCIA DE QUE POSEO LA CAPACIDAD PARA SENTIRME FELIZ Y TENER ÉXITO CUANDO LO DESEO.
13 EXPERIMENTO CÓMO TRABAJA MI MENTE DE FORMA CREATIVA PARA SUPERAR LOS RETOS Y OBSTÁCULOS QUE ME IMPIDEN ALCANZAR EL ÉXITO Y LA FELICIDAD.
14 SIENTO CÓMO SE ACTIVA MÍ CUERPO CON LA EMOCIÓN DE ESTE RETO.
15 VUELVO A PONERME EN MARCHA.
16 CONSIDERO QUE MIS ACCIONES LOGRAN SU OBJETIVO.
17 VUELVO A EXPERIMENTAR, CON MÁS FUERZA, CÓMO AUMENTA MI AUTOESTIMA, UNA Y OTRA VEZ...
EXPERIENCIA DE AUTOESTIMA ELEVADA

- ABIERTOS Y EXPRESIVOS. Son personas directas (como los programas informáticos: *lo que ves es lo que hay*). Se comunican de forma directa y clara y (salvo que sean poetas o políticos, desde luego), tienden a hablar claramente y a utilizar un lenguaje no verbal que expresa lo que sienten. Pueden ser espontáneos cuando lo desean, pero son capaces de controlar sus emociones cuando quieren que su cerebro rija sobre ellas.
- POSITIVOS Y OPTIMISTAS. De su forma de hablar y de actuar se desprende la sensación de que esperan lo mejor de las personas y del mundo que los rodea. No suelen quedarse paralizados por las preocupaciones o el miedo ni pierden tiempo en lamentaciones. Consideran los errores como útiles experiencias de aprendizaje que no es probable que se repitan. Cuando encuentran obstáculos a su progreso, liberan su frustración abierta e inocuamente y vuelven a resolver el problema con mayor vigor y determinación.

  Es frecuente oírlos hablar del futuro con entusiasmo y valoran las oportunidades de cambio y desarrollo con auténtico interés y satisfacción.
- SEGUROS DE SÍ MISMOS. Son capaces de actuar con independencia y autonomía. No buscan continuamente la aprobación o la opinión de los demás antes de tomar decisiones o actuar. Disfrutan con su propia compañía y no les resulta imprescindible la ayuda o dirección de otros para relajarse o para trabajar con eficiencia. Se responsabilizan plenamente de asegurar y mantener su estabilidad financiera. Cuando deciden innovar o asumir riesgos, con absoluta seguridad han previsto los posibles riesgos y no esperarán que los demás los saquen de apuros.

- SOCIABLES y COOPERATIVOS. Aunque son introvertidos por naturaleza (y a no ser que tengan buenas razones para no serlo), son sociables y confían en los demás, sean cuales fueren sus religiones y culturas. En las reuniones o acontecimientos sociales no buscan llamar la atención. Es evidente que tienen tanto interés en escuchar a los demás como en ser escuchados. Disfrutan formando parte de una asociación, equipo o comunidad y suelen estar dispuestos a comprometerse y a negociar para afianzar relaciones armoniosas y obrar en aras del bien común. No se sienten amenazados por el éxito y la felicidad ajenas y suelen fomentar activamente el desarrollo y bienestar de los demás. Si bien suelen ser líderes natos, también pueden y están dispuestos a compartir el poder y la autoridad y a delegar oportunamente.
- CONVENIENTEMENTE ASERTIVOS. Defienden sus derechos y necesidades, pero también se puede confiar en ellos para que luchen por conseguir justicia para los demás. Si alguna vez fallan sus decididos intentos de solucionar problemas importantes, no tendrán problemas en utilizar estrategias pasivas o agresivas para obtener soluciones justas y sensatas.
- AUTODESARROLLO. Aunque es evidente que poseen el elevado nivel de autoestima que merecen, suelen autoanalizarse. No tienen inconveniente en aceptar sus imperfecciones y errores, de la misma forma que sus logros y sus puntos fuertes, porque están continuamente buscando formas y vías para mejorar su comportamiento y su rendimiento. Si bien no desperdiciarán mucho tiempo ni energía luchando contra críticas agresivas o destructivas, aceptan de buen grado consejos y críticas constructivas. Es muy probable que se encuentren siempre inmersos en proyec-

tos educativos o de desarrollo personal (aunque a nuestros envidiosos ojos parezcan haber alcanzado ya la cumbre de la perfección).

No se asuste con esta descripción idealista de un modelo de la virtud de la autoestima. Aunque tuviera la suerte de conocer a una persona que reuniera todas estas características permanentemente, es improbable que se sintiera inferior en su presencia. Al contrario de lo que piensa mucha gente (que confunde la autoestima elevada con la arrogancia), cuando nos encontramos frente a personas con autoestima elevada, tendemos a sentirnos mejor, no peor. En presencia de estas personas es probable que nos sintamos:

- CÓMODOS. Porque suelen estar relajados y nos hacen sentir que podemos ser nosotros mismos. No necesitan que aparentemos lo que no somos para sentirse superiores ni para impresionar a nadie.
- SEGUROS. Porque no utilizan tácticas intimidatorias para sentirse dueños de la situación. Nuestra sensación de seguridad aumenta porque conocemos nuestra postura frente a ellos. Confiamos en que nos harán críticas sinceras y directas y no tememos malas jugadas. Como sabemos que poseen un fuerte instinto de supervivencia y que lucharán valientemente cuando se vean amenazados, contamos con ellos. Sabemos que asumirán el mando y defenderán firmemente los derechos de los demás en situaciones injustas o abusivas.
- VALORADOS. Pues tienden a mostrar su aprecio por los logros, esfuerzos y capacidad de los demás. No exigen que seamos como ellos y manifestarán su aprecio por nuestros valores y opiniones, aunque

sean muy distintos de los suyos. Como son conscientes de sus propias limitaciones y las aceptan, no esperan que seamos perfectos; así pues, nos sentimos apreciados y queridos incondicionalmente.

- ESTIMULADOS. Pues son modelos inspiradores y brillantes. Su energía y entusiasmo son muy contagiosos, por lo que su compañía despierta en nosotros capacidades que incluso no sospechábamos que poseíamos. En su presencia solemos sentir cómo crecen nuestro valor y nuestra motivación y cómo se enciende y alimenta nuestra autoestima.

Por lo tanto, aunque un nivel de autoestima elevado es esencialmente un acontecimiento psicológico interno, también puede tener un poderoso efecto positivo en el exterior. Pero, desgraciadamente, como observamos en nuestras propias vivencias cotidianas, también es cierto lo contrario.

Las personas con un bajo nivel de autoestima no sólo perjudican su propia salud, bienestar y felicidad, sino que suelen producir un efecto depresivo y a veces muy perjudicial sobre todo lo que los rodea.

Recordemos el círculo negativo de comportamiento y actitud propios de la falta de autoestima.

¿POR QUÉ HAY PERSONAS CON MAYOR AUTOESTIMA QUE OTRAS?

Creo firmemente que todos nacemos con la misma capacidad para tener una autoestima elevada. ¿Conoce algún bebé que parezca tener una opinión negativa de sí mismo? Desgraciadamente, sabemos con qué rapidez cambia el panorama. Al llegar a la edad escolar, las di-

CÍRCULO VICIOSO DE LA FALTA DE AUTOESTIMA

ferencias entre la autoestima de cada niño ya están muy marcadas.

Al parecer, las semillas de la autoestima comienzan a crecer y desarrollarse tan pronto comenzamos a experimentar que somos individuos. A partir de este momento, se inicia un trayecto como el de una montaña rusa, que se cultiva y refuerza un día y disminuye y se hunde el siguiente. El período de la infancia es especialmente importante, pues es entonces cuando se forman los rasgos y hábitos básicos de nuestra personalidad.

Consideremos por un momento las formas en que la tendencia natural de los niños a sentirse bien consigo mismos puede verse amenazada en la vida cotidiana. A continuación presento una lista de ejemplos que he experimentado yo misma o que me han contado. A medida que lea, puede anotar sus propios recuerdos. Ello le resultará útil cuando comience el trabajo práctico de las secciones posteriores.

¿QUÉ DISMINUYE LA AUTOESTIMA DE LOS NIÑOS?

- **No satisfacer sus necesidades básicas**, especialmente cuando observan que otros reciben más cariño, cuidados o sustento (p. ej., los hermanos menores que reciben más atención, o las distintas razas y clases sociales que obtienen privilegios y un elevado nivel de vida mientras otras se ven privadas de su derecho básico a la comida y la vivienda).
- **Pasar por alto o negar continuamente sus sentimientos** (p. ej., un progenitor que no responda a una llamada de ayuda o que no advierta la expresión de alegría o preocupación en la cara de

sus hijos o que diga: «**No deberías** estar triste por esto, no es más que... deberías estar **entusiasmado.**»).

- **Sentirse rebajado, ridiculizado o humillado**, en particular por un rasgo genético o por tener una edad determinada (p. ej., «Sigues siendo un bebé», «Vosotros los niños, siempre...», «Nunca has sido bueno en matemáticas, ya en la cuna te negabas a contar las cuentas» o «Eres como tu abuelo, cabezota y testarudo»).

- **Verse obligado a asumir una personalidad falsa para impresionar a los demás o para satisfacer las propias necesidades**, sobre todo si continuamente se tiene la impresión de que esta exigencia no se debe tanto a modales o normas de educación sino a que su «personalidad auténtica» no es suficientemente buena (p. ej., «Cuando estés en el colegio no digas ni hagas..., como sueles hacer» o «No puedes ir con esas pintas, se te ve... ¿Qué crees que pensará la gente?» o cuando se le dice a un niño vivaracho e inquisitivo: «Si me vuelves a preguntar "por qué", pararé el coche e irás andando a casa»).

- **Verse forzado a realizar actividades inadecuadas**, en particular si existen muchas posibilidades de que no vayan a hacerse bien porque carece de aptitud o motivación (p. ej., forzar a un niño sin oído a que toque el violín o insistir en que un niño con tendencias artísticas estudie ciencias en la universidad).

- **Verse desfavorablemente comparado con los demás** (p. ej., «Tu hermana jamás habría...» o «Cualquier otro niño estaría agradecido por...» o «Cuando teníamos tu edad, nunca...»).

- **Recibir la impresión de que sus opiniones o pareceres son insignificantes**, en particular con respecto a cuestiones que le afectan (p. ej., mantener conversaciones sobre las vacaciones familiares o la escolaridad delante de los niños, pero no permitir que intervengan).

- **No recibir explicaciones razonables**, especialmente cuando los demás están mejor informados (p. ej., «... porque lo digo yo» o «Cuando seas mayor lo entenderás»).
- **Recibir una «etiqueta» que devalúa la individualidad** (p. ej., «Vosotras las chicas sois todas iguales» o «Pero, ¿quién quiere niños?»).
- **Estar sobreprotegido**, en particular si tienen la impresión de que ello se debe a que son especialmente débiles o tontos (p. ej., «No puedes ir solo pues, como te conocen, te darán gato por liebre»).
- **Castigar más de la cuenta**, sobre todo si reciben la impresión de que son intrínsecamente malos (p. ej., «Es la única manera de que *tú* aprendas. Siempre has sido un alborotador»).
- **Recibir pocas normas y orientaciones**, especialmente si la falta de éstas lleva a los niños a cometer errores que podrían haberse evitado y luego son humillados por cometerlos (p. ej., no proporcionar a los niños orientaciones adecuadas sobre conducta sexual y luego reprenderlos por hacer observaciones embarazosas en público o quedarse embarazadas, o no establecer normas acerca de los juegos con cerillas y enfadarse cuando se queman).
- **Percibir conductas incoherentes**, sobre todo en la relación con las personas responsables de su seguridad (p. ej., los niños cuyos padres manifiestan altibajos en su atención y cariño hacia ellos sienten a menudo que tienen algún defecto que les impide ser siempre simpáticos o agradables).

- **Ser amenazado u objeto de violencia física**, en particular si se le atribuye la culpa del comportamiento inmoral e indeseable del agresor (p. ej., «Eres la única persona del mundo que me hace ser violento» u «Odio pegarte, pero eres un niño muy difícil»).
- **Ser objeto de insinuaciones o contactos sexuales inadecuados**, sobre todo por parte de una persona encargada de su cuidado (p. ej., abusos sexuales de un familiar, persona encargada de su cuidado o profesor).
- **Ser culpado de error cometido por una persona a la que se quiere o respeta** (p. ej., «Si no te hubieras portado tan mal en el supermercado, yo no necesitaría este cigarro» o «Si yo fuera tu profesor, creo que también me habría desesperado»).
- **Recibir un exceso de información sobre objetivos inalcanzables por parte de los medios de comunicación**, sobre todo en el caso de niños menos favorecidos social o físicamente que tienen pocas esperanzas de conseguirlos (p. ej., ver en televisión imágenes de otros niños que pueden permitirse dar parte de sus juguetes o dinero al Tercer Mundo o ver en revistas regalos para el día de la madre, cuando no tienen los medios para acceder a ellos ni madres que los aprecien).

A medida que escribía estas líneas, me venían imágenes de mi infancia. Probablemente a usted también le hayan despertado recuerdos dolorosos. Quizá si tiene hijos, como yo, se habrá identificado no sólo con las experiencias de los niños, sino también con los adultos imperfectos y culpables.

Podemos consolarnos pensando que no somos los únicos. Probablemente somos iguales que la mayoría, porque aún en el mundo de hoy, psicológicamente tan docto, estos ataques a la autoestima de los niños siguen siendo muy corrientes. Pero, por fortuna para ambas partes, estamos a tiempo. En los capítulos siguientes se dan orientaciones para curar las heridas emocionales de la propia infancia (cap. III) y para romper hábitos perjudiciales que nos hacen atentar contra la autoestima de otros en lugar de favorecerla (cap. IX). Pero, de momento, volvamos a la cuestión de cómo se deteriora la autoestima y se adquieren otros aspectos negativos de uno mismo, porque este conocimiento es el que puede impulsar la motivación al cambio.

¿Qué efecto tiene la destrucción de la autoestima de un niño en la formación de su personalidad? Hay personas que, a pesar de las pruebas en contra que aporta la psicología, siguen manteniendo que esta forma de abuso emocional puede tener un efecto positivo (p. ej., «Ayuda a hacerse duro y prepararse para el mundo real» y «En fin de cuentas, la humildad es una noble virtud»).

Quizá en algunas culturas, en determinadas circunstancias y en ciertos niños, uno o dos de estos ejemplos podrían tener un efecto psicológico positivo. Pero la experiencia muestra sin asomo de duda que los niños cuya autoestima ha sido repetidamente vapuleada de esta forma tienen muchas probabilidades de entrar en la edad adulta con dos graves desventajas:

1. **Un estilo de personalidad de *víctima*.** En su interior tienen muy arraigada la creencia de que la vida les deparará necesariamente más desencanto y abusos y, sobre todo, de que son *impotentes* para defenderse de esta injusticia. Además, como es una ley psicológica que cada uno busca unirse a sus semejantes, inconscientemente se verán abocados a experien-

cias y relaciones que confirmarán su opinión de sí mismos como perdedores o de la vida como decepcionante. Como no esperan lo mejor, es posible que ni siquiera adviertan las oportunidades positivas. Si por casualidad experimentan felicidad, se mantienen reticentes y no confían en que su inesperada suerte dure mucho. Al tener una visión tan negativa de su futuro, tienden a estar muy poco motivados para hacer valer sus necesidades o desarrollar su capacidad para alcanzar el éxito y la felicidad.

2. **Escasez de habilidades sociales y recursos.** Su capacidad para comportarse automáticamente de forma autoprotectora, asertiva y con confianza en sí mismos se halla muy reducida. Por ejemplo, si una persona ha recibido en su infancia un trato como el descrito, por lo general no habrá desarrollado las importantes habilidades de hablar, actuar y presentarse a sí mismo de forma que los demás lo tengan en cuenta y respeten. Se sentirá molesto ante los cumplidos y el aprecio auténtico sencillamente porque no sabrá aceptarlos de manera positiva. Si se trata de una persona introvertida por naturaleza, habitualmente será muy tímida, y si en cambio es extravertida, parecerá insistente o molesta. A ninguna de las dos les resultará fácil crear y mantener relaciones sólidas y fructíferas.

Por lo tanto, estos niños entran en el mundo de los adultos con mucha menor energía personal que aquellos cuya autoestima se ha estimulado y fomentado. Esto significa que en la sociedad actual tendrán menos capacidad para adquirir cualquier otra capacidad, incluida la económica, imprescindible para ganarse la vida razonablemente.

Por último, estos niños con privaciones y perjuicios psicológicos tendrán menos capacidad para soportar incluso el desgaste normal de la vida emocional adulta.

CÓMO SE MELLA Y DESTRUYE LA AUTOESTIMA EN LA EDAD ADULTA

Desgraciadamente, incluso en el caso de haber tenido una infancia emocional privilegiada, nuestra autoestima aún debe superar duras pruebas de supervivencia en la vida adulta cotidiana moderna. Estoy segura de que la mayoría de los lectores se identificarán con muchos de los siguientes ejemplos.

Estas situaciones, entre otras, pueden perjudicar la autoestima de una persona adulta:

- Cuando nos rechazan o hacen caso omiso de nosotros, especialmente las personas a las que amamos, queremos o respetamos.
- Cuando somos humillados o criticados injustamente, sobre todo en situaciones en que nos resulta difícil defendernos (p. ej., el jefe en el trabajo, un amigo en una fiesta, el abogado en un juicio).
- Cuando vamos a comprar ropa y nada nos sienta bien, especialmente cuando parecemos estar rodeadas de compradoras y vendedoras que se dirían salidas del *Vogue*.
- Cuando nos salen antiestéticos granos, llagas o sarpullidos en la piel, antes de un acontecimiento social de importancia.
- Cuando nos encontramos en un tren abarrotado de gente y nos sentimos desgraciados por no poder permitirnos viajar de otra forma.

- Cuando recibimos la visita inesperada de ciertos familiares o amigos y tenemos la casa muy desordenada o los niños están en plena rabieta.
- Cuando nos sentimos engañados, especialmente por alguien en quien confiábamos.
- Cuando suspendemos un examen, sobre todo si todas las personas que nos rodean parecen ser capaces de aprobarlos.
- Cuando nos rechazan para un puesto de trabajo o un curso, en particular si estamos capacitados para desempeñarlo.
- Si nos quedamos rezagados en nuestra carrera profesional, especialmente cuando personas más jóvenes o con menos experiencia se saltan escalones.
- Cuando realizamos un trabajo aburrido y repetitivo y si sabemos que podría hacerlo un simple robot.
- Si no recibimos elogios o una compensación económica justa por nuestro trabajo, en particular cuando tenemos la impresión de estar rodeados de personas ociosas y prósperas.
- Cuando no se nos consulta sobre los cambios en las condiciones o el contenido de nuestro trabajo, sobre todo si las reformas no reflejan nuestros intereses.
- Cuando no tenemos oportunidades para desarrollar nuestra capacidad de asumir responsabilidades.
- Cuando nos despiden de nuestro trabajo, especialmente si ocurre en el momento en que deberíamos estar rindiendo al máximo de nuestra capacidad.
- Cuando no se reconocen ni tienen en cuenta nuestras necesidades si estamos incapacitados o minusválidos.
- Cuando cometemos errores, en particular si creemos que podíamos haberlos evitado.
- Si hemos hecho algo malo, especialmente si la

acción cometida infringe nuestro propio código moral.

Éstas son sólo algunas de las experiencias más comunes que conozco. Soy consciente de que muchos habrán experimentado amenazas y daños más graves, por ejemplo,

– Desempleo prolongado o despido injusto.
– Discriminación política o social continuada.
– Abusos sexuales.
– Ataque violento a su persona o propiedades.
– Grave deterioro o perjuicio al cuerpo o la mente.

No olvidemos el círculo vicioso que puede iniciarse en cuanto se recibe uno (por no decir dos o más) de estos golpes.

Aunque las experiencias anteriormente descritas tienen la capacidad de dañar nuestra autoestima, la amplitud del daño causado por cada golpe dependerá, evidentemente, de diversos factores como:

– La cantidad total de golpes recibidos. Todos conocemos la sensación de «la gota que rebosa el vaso».
– El estado de nuestro íntimo sentimiento de valía personal, el cual depende, evidentemente, de las experiencias vividas con respecto a la autoestima tanto en la infancia como en la vida adulta.
– La salud física. Todos sabemos que hiere mucho más una humillación cuando nos encontramos cansados o indispuestos.
– La calidad de nuestra capacidad de autoprotección, que nos permite luchar y autoafirmarnos.

– El poder y la posición que ocupemos en cada situación. Por ejemplo, una crítica injusta de un compañero no causa el mismo daño que la de un superior que utiliza su poder para humillarnos en una reunión importante.

Por último, nuestra capacidad para soportar cada uno de estos golpes dependerá de cuántos de estos factores estén activos en ese momento. El ciclo de la falta de autoestima es tan perjudicial que no es raro que actúen los cinco a la vez.

Por ello, es de vital importancia que las personas con tendencia a ser atrapadas en esta espiral negativa aprendan a utilizar estrategias eficaces, resueltas e incluso a veces agresivas en defensa de su autoestima.

> Será divertido esperar y ver cuánto tiempo conservan la tierra las personas mansas después de heredarla.
>
> KIN HUBBARD

Con tantas desventajas como tienen las personas con una autoestima débil para alcanzar el éxito y la felicidad, ¿quién puede permitirse despreocuparse y esperar pacientemente que el azar o una estrella le traiga buena suerte? ¡Pongámonos en marcha!

SEGUNDA PARTE

SENTAR LAS BASES PARA LA ACCIÓN

En esta parte trataremos el trabajo de desarrollo personal previo que, en mi opinión, es necesario realizar antes de comenzar a aplicar con eficacia un programa de refuerzo de la autoestima. Incluso si ya ha realizado un trabajo considerable por su cuenta, sugeriría que leyese rápidamente esta parte, pues en los ejercicios prácticos de la tercera y la cuarta parte se hace referencia a muchos de los conceptos y las estrategias descritos aquí.

II

LAS DIEZ REGLAS DE ORO
DE LA AUTOESTIMA

Puesto que siempre me entrego de lleno a una actividad cuando comprendo su finalidad y su filosofía, en este capítulo señalaré los principios básicos del programa de construcción de la autoestima. Estas diez reglas son las siguientes:

- Autoexamen
- Explicación
- Amor
- Centrar la atención
- Perspectiva
- Estrategia
- Desencadenantes
- Estímulo
- Experimentación
- Seguimiento

Autoexamen

Antes de realizar cambios es siempre recomendable efectuar un cuidadoso balance de la situación actual. En el contexto del trabajo de refuerzo de la autoestima, esto significa incrementar la conciencia de sí mismo y hacer una revisión exhaustiva del estilo de vida y las relaciones.

Puede pensarse que ésta es la fase más temible y que, si se lleva a cabo una introspección concienzuda, uno acabará aún más deprimido. Esto sólo sucede si no hay un programa de desarrollo personal eficaz que respalde este «mirarse el ombligo». No se preocupe: este libro contiene suficientes ideas para empapelar las paredes de toda la casa con planes de acción.

Explicación

Una vez reunida la información, ha de analizarse con la mayor objetividad posible. Considerar los hechos con lógica ayuda a aclarar, aceptar y asumir la responsabilidad de lo que puede cambiarse. Entonces resulta más fácil aceptar o atribuir a otros aquello que no es posible cambiar.

Este aspecto del trabajo suele implicar mirar hacia el pasado para comprender mejor el presente. Los observadores críticos piensan a menudo que el objetivo principal es asignar culpas. Pero aquí no se trata de juzgar a nadie. Los análisis que realice serán sólo un pequeño pero importante paso en el proceso de ayudarse a incrementar su capacidad de responsabilizarse más (y no menos) de sus sentimientos y su futuro.

Amor

Es el principal combustible del programa. El amor por uno mismo debe brindarse abundante e inmediatamente de forma práctica y clara. Yo recomendaría pasar una semana en un lujoso balneario antes incluso de seguir con el capítulo siguiente. A cualquier persona le vendría muy bien estimular su energía física antes de emprender un trabajo de desarrollo personal, pero esto es más cierto aún para aquellos cuya autoestima se encuentra deteriorada.

No sólo al principio del programa hay que prodigarse mimos y amor a sí mismo; los progresos serán mayores si a lo largo del camino nos administramos grandes dosis de esta medicina.

Si usted ha crecido creyendo que esta clase de amor es pecaminosa e inmoral, es posible que al principio deba trabajar para desafiar la ética y la racionalidad de este enfoque. Si tiene la costumbre de confundir la ética del amor hacia sí mismo con el egoísmo, le ayudarán los ejercicios del capítulo 6, pero incluso una vez convencido es posible que descubra que mantiene su tendencia a querer agradar a los demás. Esta inclinación hay que tratarla, de la misma manera que se haría con cualquier otro hábito autodestructivo (véase cap. IV).

Centrar la atención

La falta de autoestima causa tantos problemas en tantos ámbitos de nuestras vidas y relaciones, que es fácil sentirse abrumado y desviar la atención nerviosamente de un campo a otro. Por ello, es muy importante centrarse en un solo problema por vez. Con ello no sólo incrementaremos en gran medida las posibilidades de tener éxito, sino que también nos daremos la oportunidad de disfrutar y beneficiarnos del aumento de confianza en nosotros mismos que acompaña a cada logro. Por lo tanto, en cada etapa del programa, hay que centrarse en un solo problema. Inicialmente deben plantearse retos fáciles en lugar de comenzar por los más complicados. (P. ej., puede trabajar en la elevación de su autoestima cuando esté en compañía de personas a las que no necesita impresionar, pero con las que le gustaría sentirse más cómodo y tranquilo. De esta forma, le resultará más fácil mantener el nivel de ansiedad dentro de unos límites manejables.)

He comprobado que la mayoría de la gente tiene una apremiante necesidad de sumergirse hasta el fondo de sus problemas. Resista esta tentación recordando que el mundo de la falta de autoestima es un peligroso remolino y no un mar tranquilo.

Perspectiva

Es posible aumentar considerablemente nuestra motivación si mantenemos siempre en un primer plano de nuestra mente la imagen de la persona segura de sí misma que queremos ser. En diversos programas sugiero la realización de ejercicios que le ayudarán a alimentar su subconsciente con imágenes positivas de la persona que usted intenta ser. He descubierto que también ayuda mucho compartir esta imagen con otras personas. (¿Por qué no decir a un amigo comprensivo que está leyendo y trabajando con este libro y comunicarle los cambios positivos que planea para sí mismo?)

Estrategia

Como ya he mencionado, es muy importante aplicar estrategias e incluso planes de acción agresivos, pero ambos deben desglosarse en pequeños pasos prácticos. A menudo sugeriré un formato específico para su plan de acción, según el trabajo concreto que estemos realizando. Pero una regla de oro para cualquiera de los programas es tener siempre presentes al menos tres objetivos específicos e inmediatos, así como los objetivos más amplios a más largo plazo. Igual que en el paso anterior, es necesario hablar libremente de ellos y tenerlos por escrito en lugares donde puedan verse con facilidad y frecuencia.

Para que su estrategia tenga el mayor de los éxitos, también deberá respaldar el plan con una excelente organización. El primer paso consiste en demostrarse a sí mismo que se trata de algo serio, elaborando sus planes de autoestima como si fueran documentos profesionales. Mecanografíelos si puede o al menos póngalos por escrito con letra clara, con títulos que resalten y listas con asteriscos o números. Póngales fecha y archívelos (a menos que pueda colgarlos para que los vea todo el mundo). Yo suelo sugerir que asigne, al menos, una carpeta especial para el trabajo de desarrollo personal. (¿Por qué no dejar de leer y buscar una ahora mismo, aunque sea provisoria? Escriba en la portada «Privado y confidencial» y guárdela en un lugar seguro, pero no la esconda tanto que se olvide de su existencia. Guarde en esta carpeta sus escritos y otros papelitos que desee conservar mientras trabaja (p. ej., ideas y observaciones anotadas en trozos de papel en el trabajo, fotografías interesantes, tebeos, artículos, citas).

Desencadenantes

Romper un hábito siempre es difícil, pero puesto que las pautas de la falta de autoestima suelen haberse enraizado en la infancia, erradicarlas puede resultar aún más difícil. Dado que dichas pautas suelen ser respuestas condicionadas, a veces pueden estimularse mediante sencillas asociaciones con experiencias cotidianas. Estoy segura de que la mayoría de las personas conocen la sensación de encogimiento que se experimenta al oír una palabra determinada, oler un aroma específico o incluso sentir una condición atmosférica determinada, por ejemplo, una tormenta. Aunque no podamos eliminar estas respuestas, el hecho de reconocerlas y ponerles nombre las desmitifica, nos mantiene en guardia y nos prepara para emprender la acción correcta (véase cap. IV).

Estímulo

Dado que el proceso de desarrollo personal suele ser laborioso y nunca ultrarrápido, es más probable que se mantenga si lo refuerza continuamente. En el trabajo de construcción de la autoestima, este apoyo debe proceder en primer lugar y principalmente de nosotros mismos, en forma de regalos periódicos para motivarnos. Como la mayoría de las personas con un nivel bajo de autoestima tienden a ser tacañas con las recompensas a sí mismas, se necesita un recordatorio fuerte y eficaz. (Ésta puede ser una tarea constructiva para un amigo marimandón.)

Experimentación

Como ocurre con todos los procesos de aprendizaje humanos, cuando más adaptado a su persona sea su programa de desarrollo, más probable es que tenga éxito. Por ejemplo, a lo largo del libro sugiero diversos ejercicios y propongo muchas listas de «Hacer» y «No hacer», pero ninguna de ellas debe considerarse una verdad incuestionable. Espero que pueda utilizar mis sugerencias como punto de partida para sus propios experimentos con diversos comportamientos y estrategias. Aunque he trabajado con personas de todas las edades y de procedencias sociales muy diversas, soy consciente de que algunas cosas que he aprendido con la experiencia no serán aprovechables para nadie que lea este libro. Una sugerencia de gran ayuda para una persona puede carecer de utilidad para otra. Desgraciadamente, la única forma de comprobar la utilidad de las estrategias y orientaciones es la experimentación. Una vez probadas, podrá adaptarlas a su propia personalidad, cultura, circunstancias, familia, organización o relaciones. Sé muy bien que esta forma de trabajar suele resultar más difícil de lo que parece. Cuando mi autoestima estaba muy baja, tenía una imperiosa necesidad de consejos infalibles y orientaciones estrictas. De hecho, cuanto menos sólida era mi confianza en mí misma, más desesperadamente buscaba soluciones mágicas de ídolos a los que estimaba. Pero, evidentemente, la esencia misma de la construcción de la autoestima es aprender a tener más respeto por la capacidad, las habilidades y los conocimientos propios. Puede empezar por leer y trabajar con este libro, consciente siempre de que usted es su mejor guía y consejero para moldear y seleccionar la conducta, los valores y el estilo de vida que pueden construir y reforzar su autoestima.

Seguimiento

En todo programa de aprendizaje es imprescindible realizar evaluaciones periódicas y, como ya he señalado, en este campo específico el único juez y jurado válido es usted mismo. Debe incluir en los planes de acción un espacio para realizar evaluaciones periódicas y concienzudas de sus progresos. Esto no suele ser fácil para las personas que llevan mucho tiempo con un nivel bajo de autoestima, porque es probable que hayan perdido la capacidad de realizar incluso la más sencilla de las autoevaluaciones. Esto ocurre especialmente en el ámbito de los sentimientos. Cuando nuestra autoestima comienza a descender, tendemos inconscientemente a adoptar comportamientos psicológicos defensivos que se encargan de que no tengamos tiempo, energía ni ganas de evaluar si nos gustamos y queremos a nosotros mismos o no. Algunas de las defensas más comunes que se reconocen inmediatamente son las siguientes:

— Sumergirse en una actividad frenética.
— Apasionarse en exclusiva y de forma agobiante por los demás o por una «buena causa».
— Dirigir toda la energía emocional hacia una fobia, obsesión o temor concreto.
— Ahogar los sentidos con bebidas o drogas.

Si estas actitudes le resultan familiares, necesitará trabajar a fondo antes de empezar a evaluar su progreso honesta y eficazmente. El capítulo siguiente es muy importante en este sentido. En fin de cuentas, en ningún caso el control de la autoestima debería ser una actividad meramente cerebral, sino que ha de hacerse con el corazón y con la cabeza, lo cual puede ser muy difícil si uno padece una minusvalía afectiva debido a la acumulación de heridas y sufrimiento emocionales.

III

ESTRATEGIA PARA SUPERAR PROBLEMAS AFECTIVOS

> Un cacharro de barro al sol siempre será un cacharro de barro. Ha de pasar por el calor blanco del horno para convertirse en porcelana.
>
> MILDRED WITTE STOUVEN

El sufrimiento emocional es el alimento básico de los toxicómanos carentes de autoestima. A menudo parece que cuanto más obtienen, más quieren. Al igual que en otras adicciones, las víctimas acaban pidiendo más y más, engañándose a sí mismas, creyendo que han superado el umbral del dolor («Vamos, escúpeme, ya no me importa»).

La realidad es que los corazones afectivamente destrozados sufren tanto y pueden limitar y amenazar la vida tanto como los corazones físicamente enfermos. Cabe preguntarse, pues, por qué existe en nuestra cultura una diferencia tan grande en la forma en que suelen tratarse. Rara vez reciben las heridas psicológicas una atención comparable para su curación.

En mi opinión, la respuesta no es siempre que las personas se preocupan menos por las heridas emocionales, sino que suelen estar mucho menos informadas acerca de lo que pueden hacer para contribuir a la curación de la herida. Una vez intentado un enfoque sencillo y vistas sus deficiencias, las únicas opciones que quedan, en opinión de las víctimas, son la paciencia, la distracción o una costosa psicoterapia.

Es posible que una de estas opciones o una combinación de ellas cure leves rasguños emocionales, pero suelen ser remedios muy inadecuados para el grado de dolor psicológico que anida en los corazones de las personas con un nivel bajo de autoestima. Habitualmente, han visto heridos sus sentimientos tantas veces y con tal profundidad que pueden pasarse la vida esperando los inciertos efectos curativos del tiempo. (Y mientras tanto, su autoestima se debilita cada vez más y el circulo vicioso gira una y otra vez.)

Como resultado de mis propias dificultades en curar una profunda herida emocional empecé a interesarme especialmente por este tema hace varios años. Dediqué mucho tiempo a observar y anotar los procesos específicos que parecen contribuir a una recuperación eficaz del dolor espiritual. Finalmente, logré formarme una idea mucho más clara de lo que puede hacer uno mismo en aras de una curación más eficaz del dolor psicológico.

Así, descubrí que existen siete fases previsibles a través de las cuales es posible trabajar paso a paso. Las cinco primeras son *esenciales* para el proceso de curación espiritual, mientras que las dos últimas son una especie de bonos extraordinarios porque añaden fuerza psicológica *adicional*, no necesariamente vital. En un proceso de curación normal y saludable, estas fases pueden solaparse, pero nunca he experimentado ni observado adelanto alguno por tratar de cubrirlas en distinto orden.

Para tratar mejor esta teoría del desarrollo y traducirla en una estrategia práctica, he dado los siguientes nombres a las distintas fases:

1. Exploración
2. Expresión
3. Consuelo
4. Compensación
5. Perspectiva
6. Canalización
7. Perdón

En los dos últimos años he hablado de estas fases con cientos de personas con las que he trabajado, y a menudo he comprobado que la mera descripción del proceso tiene efectos «sanadores» inmediatos. Esto no debería sorprenderme, pues me consta desde siempre que una vez vislumbrado el camino que conduce a la solución de un problema, éste ya se halla en vías de resolución. Espero, pues, que incluso una comprensión mínima de la teoría proporcione a los lectores una mayor esperanza motivadora que los haga probar la estrategia.

También he descubierto que esta teoría puede ser un instrumento de diagnóstico muy útil, pues ayuda a determinar con precisión la fase que se ha alcanzado en el proceso de curación. Esto facilita planear la siguiente fase de forma más eficaz. Su análisis permite asimismo descubrir el punto en que una persona se ha estancado emocionalmente, pues por lo común se descubre que se ha saltado una de las fases importantes.

En un futuro no muy lejano desarrollaré estas ideas en un libro independiente, pero dada la importancia que reviste la superación de los problemas afectivos para el mantenimiento de un elevado nivel de autoestima, presento una introducción a esta estrategia, con la esperanza de que resulte útil, si no plenamente satisfactoria.

¿POR QUÉ ES TAN DIFÍCIL CURAR LAS HERIDAS EMOCIONALES?

Las personas con un nivel bajo de autoestima tienen muchas dificultades para curar sus heridas emocionales por dos razones fundamentales. En primer lugar, suelen padecer una cantidad excesiva de decepciones y pérdidas. Como ya hemos visto, sus actitudes negativas y su conducta autodestructiva son responsables de que fracasen una vez y otra en el logro del éxito y la felicidad, incluso cuando tienen todo a su favor.

En segundo lugar, es probable que sufran un grado excesivo de abuso físico y afectivo simplemente porque son presa fácil de agresores y manipuladores. Y, como son incapaces de distinguir las ovejas del lobo, inconscientemente suelen presentarse como víctimas una vez y otra.

Las personas con un nivel bajo de autoestima no sólo tienden a ser heridas con mayor frecuencia, sino que el dolor que perciben suele ser más intenso. La razón es que en su subconsciente anida una cantidad excesiva de heridas no curadas. Estas heridas emocionales se reactivan rápidamente cuando la «sal» de una nueva herida se introduce en uno de sus muchos talones de Aquiles infectados. Por ejemplo, una crítica en el trabajo dolerá mucho más si afecta a una capacidad no satisfecha, y una carta de rechazo decepcionará más si golpea a un corazón que empieza a resquebrajarse bajo el peso de una larga serie de desprecios.

Pero la angustia no suele acabar aquí. Cuando una persona con un nivel bajo de autoestima sufre un dolor claramente desproporcionado con respecto a la herida que lo provocó suele culparse a sí misma. En lugar de aliviar sus sentimientos torturados con algún comentario consolador, se lo tragan y se castigan a sí mismos autorreprochándose (p. ej., «Me odio por ser tan llorica» o «Es mi culpa por ser tan ridículamente vulnerable»).

Es evidente que este círculo de comportamiento autodestructivo tendrá por sí mismo un desastroso efecto de choque en cadena en la autoestima. Si aún no se ha convencido de que esto es así, lea el siguiente ejemplo, tristemente familiar (y sólo un poco exagerado).

Juan (que en su infancia sufrió las burlas de un profesor tirano por ser «excesivamente entusiasta») acude a una importante reunión de empresa en la que los directores asignarán un nuevo proyecto. Debido a su capacidad y conocimientos profesionales, Juan tiene muchas posibilidades de obtener esta gran oportunidad. En el curso de la reunión, un compañero de más categoría hace en voz baja una broma desenfadada sobre el tamaño de la carpeta de presentación de Juan. Al oír el comentario, Juan:

- Tiene un acceso de rabia.
- Se da cuenta de que la profundidad de su sentimiento no es adecuada.
- Culpa interiormente a su exceso de susceptibilidad.
- Se muerde la lengua y sonríe.
- Flagela internamente su propia autoestima con un autodiscurso castigador y castrador (p. ej., «Qué idiota más susceptible, ¿por qué has de morder siempre el anzuelo?»).
- Como resultado, aumenta su nivel de ansiedad y pierde concentración.
- Pierde la «oportunidad dorada» de exponer su bien documentada presentación.
- Un compañero más joven consigue ese proyecto nuevo tan importante.
- Al salir de la reunión, el compañero más antiguo se burla de la gruesa carpeta que no ha abierto.
- Juan abandona la reunión sintiéndose un completo fracasado y un idiota.
- Está tan avergonzado y asombrado por su propio comportamiento que entierra su profunda decepción y su vivo resentimiento y rechaza bruscamente la compasión consoladora (y potencialmente sanadora) de sus amigos con una máscara de burlona indiferencia.

Esta secuencia de hechos no sólo perjudicó la carrera y la autoestima de un individuo trabajador y con talento, sino que fue contraproducente para los intereses de la empresa y posiblemente también para la economía de su país. Por ello, la lectura del siguiente apartado debería ser obligatoria para todos los funcionarios de hacienda y directores generales.

CÓMO CURAR VIEJAS
HERIDAS EMOCIONALES

... si en el mundo sólo hubiera alegría, no podríamos aprender a ser valientes y pacientes.

HELEN KELLER

En esencia, nuestra estrategia consiste en una serie de planes de acción constructivos destinados a guiarnos a través del proceso de curación emocional que, idealmente, debería iniciarse tan pronto como se produjera la herida.

Comencemos recordando las cinco fases esenciales y las dos fases adicionales. Conviene recordar los nombres y su orden. La lista podría colgarse en algún lugar como recordatorio del objetivo.

1. Exploración
2. Expresión
3. Consuelo
4. Compensación
5. Perspectiva
6. Canalización
7. Perdón

De forma ideal, cada fase debería trabajarse paso a paso, pero en el mundo real es probable que exista cierto grado de solapamiento. De todas formas, es importante recordar de vez en cuando que el proceso de curación no será eficaz si se realiza con demasiada rapidez o si se saltan una o dos fases. He descubierto que las personas con un bajo nivel de autoestima suelen pasar rápidamente a la fase 7 (perdón). Es probable que arrastren esta costumbre desde la infancia. Es posible que en dicha época no existieran los beneficios de las demás fases o que necesitaran la seguridad y aprobación que proporciona el perdón a corto plazo. Si se ve tentado a saltarse fases o pasarlas rápidamente, recuérdese que esta costumbre no puede empezar a competir con el crecimiento a largo plazo de su autoestima, que le proporcionará la *auténtica curación espiritual.*

Antes de leer las orientaciones de la estrategia, tómese tiempo para reflexionar sobre las grandes y pequeñas heridas emocionales que ha sufrido a lo largo de su vida. Si logra seleccionar una o dos de sus propias heridas emocionales no curadas para utilizarlas como ejemplo, le serán más útiles las orientaciones que siguen. Pero recuerde, al escoger, que las heridas tienen formas y tamaños diversos y que lo que constituye una herida para una persona en un momento determinado de su vida puede carecer de importancia para otra en cualquier momento. (Si necesita refrescar la memoria, repase la lista de ejemplos de golpes a la autoestima en la infancia y en la edad adulta).

Suele ser una buena idea escoger un daño relativamente pequeño y otro que parezca necesitar un tratamiento más complejo. Para ilustrar esta estrategia he escogido dos ejemplos muy diferentes de mi propia infancia, pero no olvide que los suyos pueden proceder también de experiencias como adulto, mucho más recientes.

Ejemplo A Decepción por no resultar elegida para el equipo de tenis del colegio.

Ejemplo B Sufrimiento por no ser suficientemente querida por uno de mis progenitores.

Al final de cada fase presentaré posibles acciones adecuadas para cada uno de los ejemplos, y recomiendo que usted haga lo mismo con las heridas que haya seleccionado.

FASE 1. EXPLORACIÓN

No es posible tomar conciencia de las cosas sin dolor.

CARL JUNG

Nuestra primera tarea es explorar la naturaleza de la herida y aceptar abiertamente lo que percibimos que ha sucedido. Los niños lo hacen de forma natural al reflexionar sobre lo sucedido y posteriormente contar a alguien la experiencia, por ejemplo, «Mamá, hoy no me han elegido para el equipo, pero a Juana sí». Otras formas que tienen los niños de explorar espontáneamente sus heridas es reproduciendo en sus juegos lo sucedido o pintando un dibujo o creando un cuento sobre ello. Al llegar a la edad adulta, nuestra reacción inmediata puede ser reprimir estas respuestas sanadoras naturales y enterrar lo sucedido en nuestro cerebro. De hecho, a veces puede haber una buena razón para hacerlo, por ejemplo, si estamos demasiado ocupados escribiendo una carta de reclamación o buscando un empleo, pero a menudo, la *buena razón* suele ser cualquier cosa menos positiva, por ejemplo, cuando optamos por sonreír dulcemente frente a cualquier adversidad o creemos que nadie tiene tiempo para escucharnos.

Desgraciadamente, una vez relegada la herida al fondo de nuestra mente, ahí suele quedarse. Incluso los expertos en psicología se sienten a veces tentados de no remover los recuerdos conflictivos, especialmente cuando las cuestiones prácticas relacionadas con el problema ya se han resuelto.

Mientras escribo este capítulo, se está librando una encarnizada batalla en los tribunales y en los medios de comunicación sobre la validez de los recuerdos relativos a los abusos en la infancia que emergen en las terapias. El problema es que algunos terapeutas pueden estar abriéndose camino, sin escrúpulo alguno, en el mundo subconsciente de pacientes sugestionables y sembrando recuerdos falsos. En teoría, esto es posible, pero no creo que deba preocupar a la inmensa mayoría de los que desean explorar y curarse a partir del pasado afectivo. Después de todo, el objetivo de esta fase de la estrategia no es atribuir culpas y planear retribuciones, sino únicamente explorar los recuerdos subjetivos con el fin de formarse una idea clara del daño emocional sufrido y tomar medidas pertinentes. Por lo tanto, es tan importante hablar de nuestra percepción de lo que sucedió cuando sufrimos el daño como de la explicación que dimos al hecho, pues ésta puede producir tanto daño emocional como la propia realidad. El miedo paralizador que sentimos cuando pensamos que nos van a golpear no es muy diferente del miedo que sentimos antes de ser efectivamente golpeados. Ambos tienen la capacidad de producir sufrimiento emocional.

Si le resulta difícil evocar recuerdos dolorosos, en particular porque atañen a personas que ama o ha amado, suele ser de ayuda distinguir claramente entre las personas en el recuerdo y su comportamiento. Por ejemplo, no fue mi padre (la persona en sí) quien me hirió emocionalmente, sino sólo un aspecto de su comportamiento como padre. Soy consciente de que, a un observador fortuito del trabajo de exploración de las sesiones de terapia, puede parecerle que culpamos a una persona o a un grupo de personas determinadas, especialmente cuando se anima a los participantes a que digan lo que piensan a las sillas, almohadones o personas que representan a sus agresores. Pero no se trata más que de técnicas para permitir a los individuos con una herida profundamente enterrada iniciarse en las primeras fases del proceso de curación emocional.

A veces ayuda recordarnos a nosotros mismos que:

– En primer lugar, estamos explorando percepciones y fantasías más que la verdad auténtica de lo que ocurrió en la realidad.

– En segundo lugar, la curación espiritual suele mejorar la relación entre las personas involucradas, porque fomenta el surgimiento del perdón auténtico.

Posibles acciones

Ejemplo A Contar la historia a un amigo comprensivo al que le guste el tenis.

Ejemplo B Contemplar con mi hermana un álbum de fotografías de la infancia para reavivar viejos recuerdos.

> El objetivo al relatar un trauma es integrarlo, no exorcizarlo.
>
> JUDITH LEWIS HERMAN

FASE 2. EXPRESIÓN

Sólo experimentar plenamente el sufrimiento puede curarlo.

MARCEL PROUST

Una vez nos hemos dado la oportunidad de explorar nuestros recuerdos, estaremos avanzando naturalmente hacia la fase siguiente. Ésta nos permitirá experimentar los sentimientos relacionados con la herida y encontrar una forma segura de expresarlos.

Es fácil observar la capacidad curativa de la libre expresión emocional de los niños muy pequeños. Lloran con naturalidad cuando están tristes, gritan cuando se han herido y van dando golpes cuando están celosos. Y al cabo de cinco minutos están jugando felizmente de nuevo con el culpable. Pero a medida que crecemos, aprendemos a reprimir nuestra espontaneidad y a controlar este flujo de sentimientos, porque nos enseñan (por lo general de manera indirecta, a través de modelos) a encontrar vías para contenerlos temporalmente y, más tarde, aliviarlos en lugares y momentos adecuados.

Desafortunadamente, sin embargo, la mayoría de nosotros no recibimos una enseñanza de gestión emocional tan buena. En su lugar, encontramos modos mucho menos satisfactorios de afrontar los sentimientos conflictivos. En nuestra cultura, solemos aprender a liberarnos de ellos, mientras observamos cómo los adultos se muerden la lengua, se tragan su orgullo o contienen las lágrimas. Estos hábitos se incrustan firmemente en nuestras pautas «normales» de conducta y son reforzados cuando nos elogian por ser buenos, tranquilos, educados y valientes. (Esto les ocurre especialmente a aquellos con un bajo nivel de autoestima, cuyas experiencias de la infancia han dejado una necesidad excesiva de agradar a los demás.)

Por lo tanto, es comprensible que esta segunda fase de curación asuste y desaliente. Muchas personas descubren que son reacias a fomentar el contacto con emociones que siempre han considerado demasiado fuertes para abordarlas. Si se sorprende a sí mismo en una reacción similar, recuerde que el objetivo principal de la fase *expresión* es experimentar únicamente un grado limitado de reencuentro con el sentimiento. La gran catarsis histriónica que según las antiguas películas de Hollywood es imprescindible para la curación psicológica, no es necesaria con esta estrategia. De hecho, a menudo descubro que a la mayoría de las personas les basta con verter dos lagrimitas o sentir una pequeña punzada de envidia. Pero también existe una pequeña minoría de personas con una gran carga de profundas heridas sin curar que experimentarán la necesidad de expresar más su dolor reprimido antes de completar esta fase. En general, pero no siempre, recomendaría a estas personas que buscaran la ayuda de un terapeuta o asesor que les proporcione un espacio seguro para una liberación catártica y con el que puedan contar cuando estén preparados para la fase siguiente.

Posibles acciones

Ejemplo A Mientras se da un baño caliente, reviva las escenas del tenis del colegio y permita que fluyan las lágrimas, si éstas brotan.

Ejemplo B Lea una biografía conmovedora de alguien que haya tenido una experiencia similar o ponga música íntima mientras repasa el álbum de fotografías. Permita que la tristeza o la ira emerjan lentamente.

FASE 3. CONSUELO

La recuperación sólo se produce en el contexto de las relaciones; no es posible que se dé en el aislamiento... compartir la experiencia traumática con otros es una condición previa para recuperar la sensación de un mundo con sentido.

JUDITH LEWIS HERMAN

Esta fase incluye la capacidad de alivio al ser abrazado, tanto física como figuradamente, por una persona comprensiva, que no emita juicios y que comparta nuestro sufrimiento. A veces basta con que la persona que ofrece consuelo se limite a *estar* tranquilamente, mientras recobramos suave y naturalmente nuestro propio equilibrio emocional. Pero a veces también conviene que demuestre su interés y preocupación en forma más patente, por ejemplo, ofreciéndonos una taza de té o un abrazo.

Si su sufrimiento se debe a que ha sido herido injustamente o ha sufrido un abuso y la persona que ofrece consuelo reacciona con comprensión y el correspondiente horror, esta ayuda puede tener extraordinarios efectos curativos, especialmente si el suceso ocurrió en la infancia. Puesto que los niños son egocéntricos por naturaleza, cuando sufren una herida emocional piensan automáticamente que la culpa es suya. Así pues, a no ser que se les diga sin ambigüedad que la culpa es de otra persona, creerán que es de ellos. De hecho, de esta manera comenzó a derrumbarse la autoestima de la mayoría de las personas con quienes trabajo.

Para muchos de nosotros con una larga historia de falta de autoestima, el daño original fue causado en un primer momento, consciente o inconscientemente, por figuras parentales. Es muy frecuente que los padres no sólo se nieguen a asumir la responsabilidad del daño que nos han causado directamente, sino que *nos* culpen por ser esa clase de niño que merece o atrae que los demás también le hieran. ¡Cuánto más fuertes anímicamente seríamos si nuestras heridas cotidianas hubieran sido curadas por un padre como el que describo en el ejemplo siguiente! (*En cursiva* se indican los ejemplos de *consuelo*.)

Un niño de corta edad juega en el parque con unos amigos cuando, de repente, un hombre se introduce en la zona de juego, pasa corriendo entre el grupo y hace caer al suelo al niño. Éste no se hace daño, pero se queda asustado y atemorizado. Corre hacia su madre que está cerca y le cuenta lo sucedido. Le dice que tiene miedo de que el hombre vuelva y que se quiere ir a su casa. La madre le contesta que *sabe cómo se siente* y lo *abraza para consolarlo*. El niño *llora* en sus brazos durante unos minutos mientras *escucha cómo su madre le explica que no ha sido culpa suya* (p. ej.,: «Ese señor tan tonto no debería ir tan rápido ni meterse en la zona de juegos. Me quedaré cerca y vigilaré para que ni él ni nadie vuelvan a hacer algo así.»). Poco después, el niño ha recobrado la confianza y vuelve a jugar.

Espero que haya presenciado escenas parecidas, porque entonces tendrá una idea de cuál es el trabajo en esta fase.

Sin embargo, a menudo he observado que en esta fase las personas con un bajo nivel de autoestima se desesperan. No creen tener a su alcance personas dispuestas y capaces de consolarlos, cuando en realidad suele haber cientos de ellas para escoger. La mayoría de los seres humanos (aunque no den esa impresión) están dispuestos a proporcionar esa clase de ayuda. *Pero, a menudo, en este mundo moderno tan frenético, incluso a la persona más amable y sensible hay que pedírselo.* Además, para garantizar una respuesta positiva a nuestra petición de consuelo, debemos pedirlo de una forma clara y directa que describa claramente la clase de ayuda que queremos. Muchas personas saldrán huyendo, sencillamente por miedo, si piensan que pretendemos una ayuda emocional profunda, pero no es esto lo que exige la presente fase de nuestra estrategia de auto-ayuda.

Posibles acciones

Ejemplo A Una buena sesión de lamentos mientras toma un par de cervezas con un amigo.

Ejemplo B Mucha comprensión y abrazos de amigos de mentalidad similar que hayan sufrido experiencias parecidas. (Quizá un grupo de autoayuda para reforzar la autoestima.)

FASE 4. COMPENSACIÓN

Ahora entraremos en unas fases más satisfactorias y gratificantes. Seguro que le agrada saber que es el momento de permitirnos caprichos y placer *justificada y consciamente*. Pero antes de reservar un billete en el crucero por las Bahamas, recuerde que para darse una *compensación* duradera y de calidad la mayoría de las personas necesitarán más que una dosis temporal de autoindulgencia.

El objetivo de esta fase es tratar de hallar una forma de compensarse a sí mismo por el daño sufrido.

Volvamos al ejemplo práctico de un buen progenitor que represente esta fase y sus efectos curativos.

A un niño le han prometido un paseo por el parque y, cuando llega el día, llueve sin cesar. La madre permite al niño que llore y se queje (de las nubes) durante cinco minutos. Luego lo abraza o le ofrece un refresco y, cuando ha dejado de llorar, le propone un plan alternativo compensatorio, por ejemplo, jugar a algo o invitar a un amigo a merendar. Aunque esta alternativa no es tan buena como ir al parque, sirve para quitar la espina de la decepción y contribuir a su ulterior desaparición.

Veamos ahora otra escena que, me temo, les resultará más familiar a las personas con un bajo nivel de autoestima.

Está lloviendo y el niño llora, se queja y patalea. La madre (que empieza a irritarse ante la perspectiva de estar todo el día encerrada con «un niño histérico») le da un cachete y le dice: «Ya me duele la cabeza por tu culpa. No montes un escándalo por tan poca cosa. Ya aprenderás que la vida es así. Cuando se planea algo, siempre se estropea. No vale de nada llorar. Soy yo quien debería llorar. Con todo lo que tengo que hacer, me alegraré cuando se acaben las vacaciones. Ve y ordena tu habitación que está hecha un desastre, y tardarás toda la mañana de todas formas. No te quedes aquí, que me pones nerviosa.»

Es muy probable que el niño de esta última historia crezca sin saber qué es eso de la compensación. Como adulto, su primera tarea en esta fase será experimentar la buena vida. Igual que muchas personas con un bajo nivel de autoestima, tardará meses en descubrir cuáles son los placeres que significan una recompensa para él.

Cuando inicie su programa de compensación recuerde que ésta ha de adecuarse no sólo a la persona sino también al grado y la naturaleza del daño. Por ejemplo, el sufrimiento causado por haber obtenido resultados regulares en el colegio podrá exigir la realización de un curso en la universidad como compensación mientras que el dolor de haber perdido a la madre prematuramente podrá exigir toda una vida de amistades reconfortantes.

Posibles acciones

Ejemplo A Permitirse hacer un curso avanzado de tenis.

Ejemplo B Pasar más tiempo con amigos cariñosos y planear cómo ser un *padre* más amante de sí mismo (comer mejor, prohibirme humillarme a mí mismo, etc.).

> El fracaso personal más grande que sufre un ser humano lo constituye la diferencia entre lo que era capaz de ser y lo que ha llegado a ser.
>
> ASHLEY MONTAGU

FASE 5. PERSPECTIVA

La vida es una serie de experiencias que nos hacen crecer, aunque a veces es difícil darse cuenta de ello.

HENRY FORD

Ésta es la fase que gusta a los intelectuales, porque es cuando hay que pensar para encontrar el sentido a lo ocurrido. Nuestros corazones están bien encaminados hacia la curación y probablemente estemos impacientes por seguir adelante. Pero es mucho más fácil enterrar definitivamente la herida si evaluamos en primer lugar los aspectos positivos que podemos salvar de nuestra vieja herida y llevarnos con nosotros.

No se preocupe, pues no estoy sugiriendo que cada una de su heridas exija una tesis o un informe de un grupo de expertos (aunque las más graves pueden requerirlo). En general basta con una breve revisión objetiva, pues nuestro objetivo sigue siendo muy personal. El objetivo principal es ser capaz de contemplar el daño en sus diversas manifestaciones para que al menos podamos decirnos: «He aprendido algo útil.»

He descubierto que a menudo podemos comenzar esta fase reflexionando sobre algunas preguntas:

– ¿Fueron las circunstancias concretas en que sufrí el daño extraordinarias o corrientes? ¿Es probable que se vuelvan a dar? En caso afirmativo, ¿cuándo y dónde?

– ¿Fue la conducta de la persona o las personas involucradas corriente o poco común?

– ¿Hice algo que contribuyera? En caso afirmativo, ¿quiero asegurarme de que no lo repetiré o soy incapaz o no deseo (quizá porque no considero que está mal) cambiar mi comportamiento?

- ¿Se trata de un daño que han experimentado otros? En caso afirmativo, ¿existen factores sociales parcialmente responsables? ¿Sería de utilidad hablar con otras personas de sus experiencias? (¡Suele ser así!) ¿Ayudaría leer un libro o ver una película sobre el tema?
- ¿En qué capacidad mía me apoyé para sobrevivir a este sufrimiento cuando ocurrió?
- ¿Hubo aspectos de mi comportamiento que no fueron tan útiles?
- ¿Qué lugar ocupa esta experiencia en la historia global de mi vida y en los planes para el futuro? ¿Es muy importante o poco relevante? ¿Le he atribuido mayor o menor importancia de la que tiene en realidad?
- ¿Cuál es la principal lección que he aprendido sobre mí mismo?
- ¿Qué he aprendido sobre los demás?
- ¿Qué he aprendido de la vida en general?
- ¿Necesito o deseo hacer alguna otra cosa antes de seguir? ¿Deseo renegociar una relación? ¿Necesito trabajar más en las primeras fases de este proceso de curación?

Por último, deseo señalar que puesto que estamos trabajando la perspectiva, es importante no perder de vista el objetivo global de esta estrategia de curación emocional. Su propósito es curar *su* herida personal. A medida que trabaja en esta fase, es muy fácil que las personas con un bajo nivel de autoestima se desvíen, poniendo las necesidades de los demás (incluidas las de los «culpables») por encima de las propias. Una vez que recupere

la fuerza emocional y sea capaz de mantener la autoestima en un nivel elevado constante, tendrá mucho
tiempo para preocuparse por otras cosas (véase cap. IX).

Posibles acciones

Ejemplo A Hacer una lista de mis éxitos deportivos desde entonces.

Ejemplo B Realizar un curso de psicología del desarrollo infantil o elaborar una lista de las cualidades que
han enriquecido mi personalidad como resultado de la
experiencia (p. ej., mayor sensibilidad hacia el dolor
ajeno, capacidad de ser independiente, etc.).

Lo que no nos mata nos hace más fuertes.

ALBERT CAMUS

FASE 6. CANALIZACIÓN

La adversidad descubre al genio.

HORACIO

No hay que buscar mucho para hallar un ejemplo de
esta fase de canalización en acción: ya está leyendo uno.
No me cabe duda de que al escribir este libro estoy dando un paso más en la curación de mis propias heridas
emocionales, profundamente enraizadas. La naturaleza
específica de mi trabajo me ha proporcionado una sali-
da muy adecuada para canalizar lo que he aprendido de
mi propio sufrimiento hacia algo útil. Cada vez que ad-

vierto que puedo utilizar la sabiduría adquirida a expensas de mi propio dolor para ayudar a los demás a superar el suyo, me siento recompensada por triplicado. En primer lugar, obtengo el natural placer humano de ver que alguien se cura; en segundo lugar, obtengo la satisfacción personal del trabajo bien hecho, y en tercer lugar, aumento mi fuerza psicológica por tener más curada mi propia herida. ¿Es sorprendente mi constante lucha contra la adicción al trabajo? Pero no he incluido esta fase para animar a las personas con sufrimientos espirituales a que se conviertan en terapeutas o escritores. Es cierto que muchas personas con un pasado como el mío pueden, voluntaria o profesionalmente, ser buenos en este campo, pero otros muchos no lo son ni lo serán nunca. De hecho, pienso que la mayoría de la gente no tiene el carácter adecuado para este trabajo y, con seguridad, tiene aptitudes mucho mayores para actividades igualmente importantes.

El objetivo de la canalización es encontrar formas constructivas de utilizar los beneficios positivos que obtenemos de las experiencias dolorosas y del consiguiente proceso de curación. Estas formas podrían ser una, varias o todas las siguientes:

- Conocimientos específicos.
- Aumento de la energía física (lo obtenemos naturalmente con la recuperación emocional).
- Mayor fuerza psicológica (inevitablemente ganamos con la combinación de supervivencia y salud emocional).
- Mayor sensibilidad y conciencia del sufrimiento emocional de los demás.
- Beneficios financieros o materiales de otro tipo como resultado de lo anterior.

– Mayor energía e influencia como resultado de nuestra experiencia.

Las vías que resultan útiles para la canalización son tan diversas como la variedad de personas que sufren heridas emocionales. Estas vías pueden encontrarse en el trabajo, en la vida social o familiar, a través de la religión o de un partido político. Algunos individuos descubren que, gracias a sus experiencias personales, son capaces de ayudar a cientos o miles de personas (p. ej., iniciando campañas u organizaciones de autoayuda). Otros descubren que desean concentrar sus energías en ayudar a una o dos personas (quizá sus propios hijos o sus padres ancianos). Otros pueden utilizar vías de menor provecho a primera vista, pero su energía, conciencia y fuerza personal hacen de ellos mejores vendedores, profesores, jugadores, secretarias, agentes turísticos, artistas, directores generales o, simplemente, mejores ciudadanos del mundo.

Es importante recordar que la canalización no significa sumergirse en una actividad para «anestesiar» el dolor o la herida afectiva en cuanto se produce. Aunque comprendo que algunas personas necesitan hacer esto a veces, estas actividades de desplazamiento no son recomendables como costumbre porque a largo plazo, como ya hemos visto, reprimir el dolor emocional es perjudicial tanto para nosotros como para los demás. Por otro lado, canalizar los beneficios de la recuperación emocional puede constituir una experiencia positiva y creativa con posibles recompensas para todos. Además, es el último paso para compensarnos de las heridas emocionales que nos han impedido ser la clase de persona que deseamos ser y vivir la vida que queremos y merecemos.

Escribo estas líneas en el día histórico y emocionante en que Nelson Mandela inicia la presidencia de Sudáfrica. Él es sin duda uno de los mejores ejemplos de la canalización y de su capacidad para trasladaros a la siguiente y última fase de curación.

Posibles acciones

Ejemplo A Entrenar voluntariamente a niños en el centro deportivo más próximo.

Ejemplo B Recaudar fondos para fines benéficos destinados a la infancia.

> Es mucho más fácil perdonar al enemigo una vez que nos hemos desquitado.
>
> OLIN MILLER

FASE 7. PERDÓN

Creo que éste es el terreno de los santos. No estoy segura. Pero de lo que sí estoy segura es de que he visto demasiadas personas sufriendo inútilmente porque no encuentran en su corazón la esencia divina de esta sustancia maravillosa que es el perdón. Me refiero al perdón que nos exige poner humildemente la otra mejilla mientras la mejilla herida sigue sangrando y el agresor sigue dispuesto al ataque. Este perdón se predica no sólo desde los púlpitos, sino también, y cada vez más, desde los libros y discursos de muchos terapeutas bienintencionados. Ahora se presenta no sólo como el billete para el cielo, sino también como garantía de nuestra propia valía y paz interior en este malvado mundo.

Esta tendencia me parece especialmente alarmante, no sólo porque mi propio código moral considera imperdonables el abuso sin arrepentimiento y las grandes injusticias, sino también porque hace que las personas con un bajo nivel de autoestima y una salud mental precaria sean aún más vulnerables. En esta situación, dichas personas suelen estar tan desesperadas por agradar, que no harán caso de su propio código moral y de sus necesidades de curación emocional y se apresurarán a perdonar a quienes les han herido. Cuando advierten que no pueden perdonar *verdaderamente*, se atribuyen la culpa, con lo que su autoestima se hunde aún más.

Esta fase no consiste, pues, en esa clase de falso perdón forzado, sino del perdón que surge natural y espontáneamente cuando una persona ha trabajado estas fases y quiere decir al agresor algo como lo siguiente:

> No me gustó lo que hiciste, me hirió y, si me garantizas que no deseas que vuelva a suceder, me gustaría que nos diéramos un apretón de manos, hiciésemos borrón y cuenta nueva y luego renegociáramos nuestra relación, de forma que no vuelva a ocurrir.

Soy consciente de que es difícil alcanzar y trabajar esta fase de perdón, no porque la «víctima» no esté dispuesta, sino porque el «agresor» no desea el perdón o no se encuentra a mano (o está muerto). Pero, por fortuna, esta fase es extraordinaria y no esencial, y no creo que debamos sentirnos moral ni emocionalmente incapaces sólo porque no siempre podamos alcanzar sus puertas doradas.

Posibles acciones

Ejemplo A Sin mediar acción alguna, es posible que la persona sienta que ha perdonado al capitán del equipo o incluso al propio *niño interior* que ha odiado por no ser lo suficientemente bueno.

Ejemplo B Hablar de esta experiencia de curación con mis padres, diciéndoles que quiero olvidarlo todo y construir una relación más solida y comprensiva con ellos.

Por último, no olvide lo siguiente:

Todas las heridas emocionales pueden dar frutos creativos.

IV

ESTRATEGIA PARA ACABAR CON LOS HÁBITOS AUTODESTRUCTIVOS

Caer en una costumbre es dejar de ser.

Miguel de Unamuno

¿A menudo piensa que su propia conducta es su principal enemigo? ¿Se oye a sí mismo decir lo siguiente?

«Ojalá no hiciera siempre...»
«Si fuera capaz de dejar de...»
«No puedo evitarlo, siempre...»
«No puedo dejar de...»

En caso afirmativo, opino que se impone prioritariamente una lucha contra sus hábitos autodestructivos. En fin de cuentas, no tiene mucho sentido hacer el resto del trabajo de construcción de la autoestima de este libro si, al final, estos hábitos tienen más control sobre usted que *usted* mismo.

Tengo una buena noticia. Si ha tratado anteriormente de librarse de estos hábitos y ha fracasado, ahora encontrará la tarea mucho más fácil. Ahora, al menos usted y su inconsciente tirarán en la misma dirección: hacia adelante. Con una mayor autoestima, también descubrirá que está más motivado y que tiene más energía para luchar contra sus costumbres negativas. Si iniciamos una lucha con un bajo nivel de autoestima, solemos programarnos, inconscientemente, para el fracaso y nos rendimos con facilidad.

> Los santos son aquellos pecadores que siguen avanzando.
>
> ROBERT LOUIS STEVENSON

Soy muy consciente de que, en el fondo, acabar con los hábitos es un arte muy *individualista*. ¿No es cierto que en cuanto anunciamos al mundo que queremos acabar con un hábito determinado nos vemos de repente bombardeados por consejos «únicos» y «teorías irrefutables»? De hecho, es fácil verse abrumado e incluso volverse escéptico cuando en nuestros oídos suena la voz de la tía Juana que dice: «La única forma es ir al grano y acabar *ya* de una vez por todas», mientras su hermana le recomienda acudir a un hipnoterapeuta, su mejor amiga canta las alabanzas de un plan «paso a paso» de una revista, su vecino farmacéutico le recomienda el último medicamento, el grupo anónimo de turno le urge a que se adhiera rápidamente... y ahora, ¡Gael Lindenfield recomienda su última estrategia!

Huelga decir que no es mi intención sermonear a los que ya estén convencidos; así pues, si ya tiene usted sus propios trucos mágicos para acabar con los hábitos autodestructivos, sáltese este capítulo. Pero, antes de hacerlo, asegúrese de que ha empezado a trabajar con la fórmula escogida. En cambio, si aún no ha encontrado el truco perfecto, ¿por qué no probar esta nueva estrategia que es, igual que todas las demás, otra versión de viejos trucos ya ensayados?

He escogido mis teorías preferidas y algunos de los principales consejos que utilizo y que suelo compartir con mis pacientes y los he agrupado en forma de «estrategia de combate». Aunque soy pacífica por naturaleza, cuando la supervivencia de la autoestima se ve amenazada por el autosabotaje, creo firmemente que se justifica y se impone un enfoque de guerra. Espero que los lectores que sean soldados profesionales sean tolerantes con la licencia literaria que me he permitido con su oficio.

ESTRATEGIA PARA LUCHAR CONTRA LOS HÁBITOS PERJUDICIALES

Vigile el campo enemigo

Conviértase en espía de sí mismo. En el pequeño (o gran) cuaderno que lleva consigo, anote todos los atentados que comete contra su autoestima. Catalogue cuidadosamente todas las ocasiones en que se encuentre atentando o actuando contra sus propias normas y valores y trabajando en contra de sus propios intereses. Seguro que descubrirá a sus enemigos disfrazados de diversas formas y vagando por distintos ámbitos de su vida y relaciones. Quizá en su inventario podrían figurar algunas de estas faltas corrientes:

– Dejar de hacer los ejercicios.
– Fumar, comer o beber en exceso.

- Comer demasiada comida basura.
- Morderse las uñas o toquetearse los granos.
- Levantarse o acostarse demasiado tarde.
- Trabajar demasiado.
- Estar demasiado cansado para leer o practicar su pasatiempo preferido.
- No preocuparse por hacer el esfuerzo de salir sólo para divertirse.
- No hacer una pausa para comer al mediodía.
- Dejar las cosas para el último momento.
- Tener desordenada la casa o la oficina.
- Limpiar, ordenar o comprobar de forma compulsiva e innecesaria.
- Decir «lo siento» con demasiada frecuencia.
- No hablar en las reuniones.
- Actuar pasivamente en las fiestas o conferencias.
- Hablar demasiado o demasiado rápido.
- Dejar que los otros empiecen o dirijan las conversaciones.
- Presentar siempre las posibilidades negativas.
- Gastar más de lo que gana.
- No gastar dinero que se puede permitir gastar.
- Olvidar los cumpleaños de la gente.
- Contar demasiados chistes malos.

Evalúe la amenaza

Ordene cuidadosamente la lista en función del grado de amenaza a su autoestima y a su sensación de bienestar que suponga cada falta, colocando los hábitos en una de las siguientes categorías:

1. Letal.
2. Muy peligroso.
3. Peligroso.
4. Levemente peligroso.
5. Potencialmente peligroso.
6. Un fastidio.

Seleccione un objetivo fácil

Escoja un hábito perjudicial para suprimir en primer lugar. Ello le dará tiempo para entrenar y perfeccionar su capacidad de lucha *sin demasiados riesgos.*

> Al liberarse de la esclavitud de los hábitos perjudiciales, no espere abarcarlos todos a la vez... aproveche la fuerza que le confiere cada victoria. Como dice el proverbio, «poco a poco es fácil, pero todo de golpe es muy duro».
>
> JOHN ROGER Y PETER McWILLIAMS

Busque aliados

No libre solo la batalla, excepto si no tiene otro remedio. Busque aliados que tengan los mismos enemigos y que estén igualmente comprometidos en la lucha y en los que pueda confiar para que lo apoyen y estimulen (p. ej., juntarse con un amigo que tenga el mismo hábito autodestructivo o unirse a un grupo de autoayuda que funcione bien).

Utilice a sus mejores hombres

Evalúe cuáles de sus puntos fuertes personales pueden resultarle más útiles para librar esta campaña concreta. Podrían ser, por ejemplo, los siguientes:

- Su *cerebro analítico*, que planeará una estrategia «científicamente correcta» cuyos resultados puedan analizarse y controlarse con facilidad.
- Su *humor*, que le proporcionará un aspecto lúdico a la operación e impedirá que se vuelva tediosa y aburrida.
- Sus *cualidades protectoras*, que se ocuparán de dar prioridad a su salud y bienestar.
- Su *creatividad*, que puede utilizar para imaginar nuevas tácticas y procedimientos.
- Su *lado pragmático*, que puede utilizar para mantener los pies firmemente anclados en la tierra y no dejarse llevar ni provocar retos innecesarios.

Seleccione un eslógan

Escoja uno que le inspire, especialmente en épocas difíciles. Si no se le ocurre nada, pruebe este maravilloso eslógan que he oído hace poco:

La visión sin acción no es más que un sueño.
La acción sin visión sólo vale para pasar el rato.
La visión con acción puede cambiar el mundo.

O una sencilla afirmación como la siguiente:

Puede que sea difícil, pero no es imposible.

Planee su estrategia global

Ponga su estrategia por escrito. Hágala tan atractiva e interesante como pueda, pero asegúrese de que sigue el estilo de campaña, es motivadora y está bien organizada. Cuélguela en un lugar donde pueda verla y modificarla fácilmente. Utilice *cuadros y gráficos* si le resultan prácticos, pero si es usted más creativo quizá pueda hacer un *dibujo* que ilustre la campaña que ha planeado, por ejemplo, un camino de aventuras.

Ordene sus recursos

Tome nota de los recursos que posee y que le ayudarán a combatir ese hábito destructivo concreto y reflexione sobre la forma de adquirir otros recursos que necesite. Fije inmediatamente fechas para pedirlos, tomarlos prestados o comprarlos. Por ejemplo:

1. Martes: llamar a Jean para que me preste el libro sobre organización del tiempo.
2. Viernes: solicitar el préstamo bancario.
3. Sábado: comprar rotuladores para colorear el cuadro de estrategia.
4. Sábado: comprar parches de nicotina.
5. Navidad: pedir una radio-despertador.
6. Esta noche: pedir a mi familia que haga más tareas domésticas este mes.
7. Mañana: pedir más *software* nuevo.

Enarbole la bandera y declare la guerra

Diga al mundo que se va a la guerra, por qué va y en qué fecha espera ganar. (No es necesario que divulgue los secretos de su estrategia, especialmente a personas que puedan disfrutar saboteándola.) Diseñe un logotipo que simbolice su campaña y enarbólelo por todos lados a modo de recordatorio constante.

Adopte una mascota

Vencer este tipo de hábito le aportará un cambio positivo, pero la lucha a través de las fases de transición puede ser muy dura, porque:

a) Debe prescindir de la comodidad y seguridad del hábito perjudicial (incluso los peores hábitos tienen algún efecto gratificante, razón por la que suele ser tan difícil vencerlos).

b) La nueva rutina, relación o comportamiento puede no tener efectos gratificantes *inmediatos.*

Puede usarse una mascota como *objeto de transición* infantil (nombre que dan los psicólogos a los objetos de consuelo a que se agarran los niños en momentos de tensión, como el clásico osito de peluche, la esquina manoseada de una manta sucia, un soldado de juguete especial o un tebeo, etc.). Suelo sugerir a mis pacientes que lleven a escondidas un pequeño objeto que les recuerde su objetivo; han descubierto que les proporciona una sensación de consuelo en los momentos en que flaquea su gran determinación.

Planee el primer ataque

Ha escogido un objetivo fácil; por consiguiente, deberá iniciar el ataque pronto o su ejército se desanimará. Asegúrese de que en la primera semana (y no más tarde) realiza alguna tarea que implica un reto en el contexto de su batalla.

Asegúrese de que se trate de una maniobra que le aportará una victoria inmediata y gratificante, por ejemplo:

- Un día entero sin...
- Una habitación completa reorganizada.
- Tres días seguidos de puntualidad.

Evalúe las tácticas del enemigo

En la lista que elaboró en su cuaderno cuando ejercía de espía encontrará pistas para estas tácticas. En esta lucha, sus peores enemigos serán sin duda sus restantes hábitos perjudiciales; así pues, manténgase en guardia frente a los motines en su interior. Trate de contrarrestarlos con una estrategia represiva brillante o con la ayuda de sus aliados. Por ejemplo:

- Pida que le llamen todos los días para recordárselo.
- Solicite un préstamo temporal.
- Vacíe los armarios de galletas y bizcochos.
- Vacíe la botella de whisky por el fregadero.
- Busque un entrenador físico asertivo.

Prepare planes de emergencia

Incluso los mejores generales se equivocan a veces, y las maniobras mejor planeadas pueden fracasar simplemente porque el enemigo aparece de improviso. Por lo tanto, respalde cada estrategia con un plan alternativo que pueda utilizar si ocurre un contratiempo. Apunte el número de servicios de rescate que puedan ser de ayuda y asegúrese de que están disponibles en caso necesario.

En esta lista podrán figurar, por ejemplo, los números de teléfono de:

- Amigos comprensivos.
- El jefe de su grupo de autoayuda.
- Una línea de ayuda.
- Su médico.

Manténgase en forma óptima

La lucha contra hábitos enraizados puede requerir mucha energía a corto plazo, así que tenga cuidado de no quedarse debilitado. Asegúrese de que su depósito interno se repone continuamente con alimentos nutritivos y que su batería está siempre cargada. Evidentemente, no ha de olvidar su disciplina diaria, pero también debe asegurarse de que dispone de tiempo para estar cómodo.

Mantenga su aspecto

Camine erguido, con los hombros hacia atrás y la cabeza alta, con el aspecto de una persona que lucha por el respeto a sí mismo. Arréglese y vístase con el mayor cuidado, para sentirse como una persona a la que quiere defender de un hábito autodestructivo.

Busque héroes y heroínas

Escuche (en directo, en libros, entrevistas en la radio o programas de televisión) los *relatos* de sus héroes y heroínas *relativos a sus triunfos sobre sus enemigos interiores.* Pero aléjese de los fanfarrones y recuerde:

> Las personas grandes nos hacen sentir que nosotros también podemos llegar a serlo.
>
> MARK TWAIN

Manténgase en guardia frente a «predadores» amistosos

Suele estar disfrazados con piel de cordero. Sus intenciones parecen ser buenas, pero es posible que en su interior deseen verlo perder una batalla que ellos nunca han sido capaces de ganar. Por ejemplo, estos predadores envidiosos suelen «ayudar» diciendo que «es por su bien», por ejemplo:

- El amigo que le invita a una copa de más («porque es tu cumpleaños»).
- El compañero que no le recuerda un plazo importante («porque pareces cansado»).
- La madre que bromea sobre su peso («estás adelgazando demasiado»).

Afile y engrase sus armas

Cualesquiera que sean sus armas, asegúrese de que están afiladas. Por ejemplo, su habilidad asertiva autoprotectora puede necesitar una puesta a punto (para estar seguro de que puede decir «no» firmemente o negociar mejor). (Consulte las orientaciones del cap. V.) Asimismo, su cerebro perezoso puede necesitar una inyección de vitalidad para asegurarse de que es capaz de saltar en su defensa.

Explote las técnicas de propaganda

Emplee un autodiscurso habilitador y motivador. Lave su cerebro con afirmaciones positivas (veáse cap. V). Por ejemplo:

«Controlo la situación.»
«Soy constante.»
«Me gustan los retos.»
«Soy un luchador y un superviviente.»
«Soy un ganador.»

Jáctese de sus éxitos, pero mantenga en secreto sus contratiempos para todo el mundo excepto para sus aliados más próximos. Durante la batalla, no se permita asociarse con personas que se dedican a divulgar las malas noticias.

Recompense y agasaje el valor

A medida que avance la batalla, solicite que se elogien su esfuerzo y su actuación, especialmente en los primeros días más desazonadores, cuando avanza un paso y le parece que retrocede dos. Recompénsese con pequeños premios tras la realización de cada paso hacia adelante. Celebre las pequeñas victorias y pregone cualquier muestra de su éxito.

Espere encontrar dificultades

Recuerde que a quien algo quiere, algo le cuesta, pero tranquilícese porque en esta guerra no habrá bajas, y las heridas no sólo se curarán, sino que se olvidarán rápidamente en la gloria del éxito. Trabaje con valor a través de las dificultades. Si las heridas comienzan a impedirle progresar, tómese algún tiempo para descansar y cuidarse, pero fije una fecha en firme para reemprender la lucha. Mientras tanto, pida a un aliado de su confianza más ayuda o apoyo, pues es en este momento cuando más vulnerable se encuentra a la filtración del enemigo.

Por ejemplo:

- Si le duelen los músculos y decide no ir al gimnasio, puede pedir a un amigo que se ocupe de que usted suba al menos por las escaleras en lugar de coger el ascensor. Para protegerse de la seducción de las confortables noches delante del fuego, fije una fecha para verse en el gimnasio la semana siguiente.
- Si está combatiendo su adicción al trabajo pero ha llegado a un punto en que la ansiedad por el montón de papeles acumulados en su mesa se hace insoportable, llévese trabajo a su casa *una* noche. Para asegurarse de que no vuelve a las

viejas costumbres, pida a un compañero que lo guarde con llave en un armario al final de cada día el resto de la semana.

Retome la lucha tan pronto se encuentre con vigor y animado.

Acepte ayuda de sus compañeros

Mantenga abierta y comparta la bolsa de las preocupaciones y los miedos.

Permítase que lo animen con consuelos tranquilizadores... y frecuentes risas y burlas a los enemigos de dentro.

Haga planes para el día de la victoria

Coloque estos planes en un lugar visible para que lo estimulen y motiven.

Celebre la victoria como es debido

No basta con pensar que el final de la batalla es suficiente recompensa.

Usted y su autoestima deberían aprovechar cualquier oportunidad para mostrar sus laureles y disfrutar el resultado de su difícilmente logrado éxito. Las celebraciones públicas de victoria pueden ser también muy inspiradoras y motivadoras para otras personas.

Mantenga en guardia sus defensas

Una vez superada la batalla principal, recuerde que no sería prudente abandonar completamente su posición defensiva. De hecho, en relación con ciertos hábitos enemigos, hemos de esperar que vuelvan una vez y otra a lo largo de la vida. Por ejemplo, es muy probable que reaparezcan a veces con venganza los hábitos adquiridos en los años de la primera infancia, cuando nos vemos sometidos a estrés. Por ello es importante disponer de información que facilite la tarea de la *retaguardia*. Ha de tener una idea clara de cuándo, dónde y cómo puede volver a aparecer el enemigo. Una forma de hacerlo es elaborar una lista de las primeras señales que podría utilizar su equipo de defensa para detener el hábito inmediatamente antes de que éste vuelva a controlarlo a usted. Por ejemplo, podría completar las siguientes frases (tantas veces como desee), fotocopiar la lista acabada y pasarla a amigos de su confianza o bien colocar una copia en su agenda al principio de cada mes y utilizarla para comprobar sus progresos.

Por favor, avísame cuando:

- Empiece a poner excusas para no ir a...
- Empiece a hablar de...
- Empiece a dejar de...
- Empiece a llevar...
- Empiece a comportarme de modo...
- Empiece a estar...

Lo triste de este mundo es que resulta más fácil
abandonar los buenos hábitos que los malos.

SOMERSET MAUGHAM

Sí, señor Maugham, bien dicho, pero cuando usted
escribió esto, aún no había triunfado la estrategia de la
batalla contra los malos hábitos.

V

ESTRATEGIAS PARA LA AUTOPROTECCIÓN

El mundo actual es un lugar peligroso para la autoestima. En el capítulo I elaboré una lista de las diversas formas en que, en la vida cotidiana como adultos, se presentan las influencias autodestructivas. Aunque globalmente encuentro que la vida actual, rápida y competitiva, es muy estimulante y desafiante, también puede agotar las reservas psicológicas. Estoy segura de que habrá pasado por la experiencia de salir de su casa por la mañana sintiéndose un gigante, rebosante de confianza y amor por sí mismo y volver esa misma noche sintiéndose como una hormiga insignificante y deprimida. Esta metamorfosis puede haberse producido simplemente porque a lo largo de un día corriente ha experimentado un exceso de decepción, estrés o insensibilidad.

Mi optimismo está convencido de que cuanto más se extienda la doctrina del desarrollo personal, menos destructiva será la sociedad con la autoestima humana. Pero incluso mi visión de este paraíso (donde la propia valía y la confianza en sí mismo se vean continuamente estimuladas y reforzadas) es aún muy débil, y no dudo de que aquellos que cuentan con recursos internos frágiles necesitarán una gran capacidad de autoprotección aún durante muchos años.

He descubierto que hay tres ámbitos principales de trabajo de desarrollo personal que resultan especialmente útiles a las personas que desean reforzar sus defensas frente a las influencias externas hostiles. Son los siguientes:

1. Pensar en positivo.
2. Asertividad.
3. Gestión del estrés.

En este capítulo intentaré referirme brevemente a cada uno de ellos y, a continuación propondré una selección de estrategias y técnicas adecuadas. Los lectores que conozcan mis libros anteriores posiblemente tendrán la sensación de *déjà vu*. Aunque así sea, espero que les resulte útil como curso de repaso. He reescrito las explicaciones de las antiguas estrategias e introducido nuevos ejemplos, todos ellos relativos al fortalecimiento de la autoestima. También es posible pasar al capítulo siguiente, pero antes sugiero que hojee los encabezamientos para estar seguro de que conoce las técnicas y no se pierde ninguna novedad valiosa.

En cambio, los lectores que sean primerizos en estos temas quizá deseen completar la lectura de este capítulo con otros libros, pues es posible que algunas de mis explicaciones les parezcan demasiado cortas.

PENSAR EN POSITIVO

En los dos últimos años, el mercado del desarrollo personal se ha visto inundado de libros y cursos sobre el pensamiento positivo. La paradoja es que las personas que más buscan y compran estos libros son, probablemente, las que menos los necesitan.

Hasta hace relativamente poco tiempo, estos libros sólo atraían la atención de personas emprendedoras y ambiciosas que ya habían logrado un considerable éxito en el mundo de los negocios y el deporte y que, quizá porque poseen una elevada autoestima, deseaban tener aún más.

Pero, evidentemente, son las personas con un nivel de autoestima bajo e inestable quienes necesitan más que nadie reprogramarse para pensar de forma más positiva. Después de todo, no sólo cargan con un subconsciente rebosante de actitudes y creencias negativas, sino que también son dueñas de un hábito creado de atraer nuevas experiencias negativas reforzadoras. Por ejemplo, estas personas son más propensas que la mayoría a:

— Sentirse cómodas rodeadas de amigos y familiares que se deleitan intercambiando historias que comienzan por «Fíjate qué horror» y vertiendo desprecio y desánimo sobre las personas que aspiran a ser optimistas y a tener éxito («Pronto te darás cuenta... nada dura para siempre... la vida es dura... la vida es igualmente terrible si se tiene dinero o éxito», etc.).
— Absorber palabras «sabias» de personas pesimistas sobre su capacidad, porque parece que son verdad y se corresponden muy bien con los mensajes negativos que ya tienen sobre sí mismos.

- Sentirse atraídas por las novelas satíricas, las grandes tragedias y la música fúnebre y tachar genuinamente de insustanciales y aburridas las comedias y las historias románticas.
- Trabajar en un medio donde abundan la desigualdad y la discriminación, donde la gente se lamenta continuamente de la injusticia y la desesperación.
- Estar solicitadas por gente con problemas graves (porque son «tan agradables» y necesitan que se les siga considerando como tales).

Ya habrá advertido que yo no creo que los enfoques rápidos (propios de tantas escuelas de pensamiento positivo) puedan, por sí solos, contrarrestar hábitos negativos tan arraigados, si bien algunas técnicas pueden ser sumamente útiles si se integran en otros programas. Por lo tanto, he seleccionado cuatro estrategias sencillas cuyo uso sugeriré en los programas de la tercera parte. (Pero no perderá nada si los prueba inmediatamente.)

La primera, denominada *estrategia GEE*, es mía. En uno de mis libros anteriores, *La mujer positiva* (1992), la explico detalladamente y proporciono ejemplos. Las otras tres (reformulación, afirmaciones y asociación) son conocidas técnicas de pensamiento positivo que he adaptado ligeramente para adecuarlas a nuestro objetivo de refuerzo de la autoestima.

Estrategia GEE

Cuando se descubra a sí mismo sintiendo una disposición negativa hacia su propia persona, otra persona, una oportunidad, un problema o incluso hacia el propio día, utilice esta estrategia para comprobar si sus pensamientos son racionales o irracionales.

En primer lugar, hágase las tres sencillas preguntas que siguen. Si responde afirmativamente a cualquiera de ellas, reformule su pensamiento de manera más positiva y racional.

1. ¿Estoy *generalizando* a partir de una experiencia concreta?

   a) «La última vez que traté de hacer esto fue un desastre; no me lo encargues a mí porque seguro que lo estropeo.»
      → «No lo hice muy bien la última vez, pero seguro que aprendí del error y esta vez lo haré mejor.»
   b) «Todas las jefas son mujeres poco amables» (porque así era Moira)
      → «Algunas jefas pueden ser muy accesibles.»

2. ¿Estoy *exagerando* problemas reales o posibles riesgos o dificultades?

   a) «Soy un auténtico desastre para la decoración.»
      → «He cometido algunos errores al decorar. No es lo que mejor se me da.»
   b) «Esta tarea es imposible.»
      → «Esta tarea es un reto.»

3. ¿Estoy *excluyendo* aspectos o posibilidades positivas?

   a) «Es inútil que me presente para ese puesto. Pensarán que soy demasiado viejo.»

→ «No tengo muchas posibilidades para ese puesto, pero quizá es una empresa que necesita personas con experiencia. No pierdo nada por
probar.»

b) «Esto que ha pasado es un verdadero desastre.»

→ «Esto que ha pasado nos proporcionará muchas oportunidades para poner a prueba y mejorar nuestro equipo de trabajo.»

Reformulación

Esta sencilla técnica puede utilizarse para cambiar
una afirmación o una pregunta con un marco de referencia negativo por otra con connotaciones más positivas.
Puede emplearse como forma de autoprotección cuando se está en compañía de personas negativas, especialmente aquellas propensas a alimentar cualquier auto-
crítica o preocupación que se les comunique. En estos
ejemplos observará cómo sencillamente modificando la
primera frase puede ayudarse a sí mismo a pensar de forma más positiva, poniendo a la vez más luminosidad en
la conversación y reduciendo de esta forma la probabilidad de verse abrumado con negativismos y lamentos.

Ejemplos

a) «Me temo que el informe es demasiado breve.»

→ «Te alegrará saber que este informe es conciso y
concreto.»

b) «¿No es desquiciante que haya tanta gente? Resultará
muy difícil sacar el tema; es difícil saber qué decir, se
puede ofender fácilmente a alguien.»

→ «Es fantástico que haya tanta gente aquí; recogeremos muchas opiniones, y creo que será un reto interesante encontrar la forma adecuada de plantear el tema.»

c) «Ya sé que me sienta muy mal el verde, siempre me dices que no debo ponérmelo, pero era una oportunidad y me temo que, además, me gasté todo el dinero, porque no pude resistir la tentación de comprar estos zapatos.»

→ «Estoy realmente satisfecha conmigo misma por haber encontrado esta ganga. Aunque no es el color más adecuado, el diseño me sienta muy bien y, además, tenía suficiente dinero para comprarme estos preciosos zapatos.»

d) «Soy un curioso por preguntar, pero ¿por qué estás tan triste?»

→ «Tal vez consideres que mi curiosidad es inoportuna, pero te noto triste y pienso que quizá te ayudaría hablar de ello. Soy un buen oyente.»

e) «¡Vaya cola! Me pone furioso estar aquí de pie perdiendo el tiempo. ¡Qué horror!»

→ «Esta cola es muy larga. Tengo por lo menos diez minutos para «desconectar»/ordenar mis ideas sobre.../tener una conversación interesante, etc.»

Afirmaciones

Son declaraciones positivas que solemos decirnos a nosotros mismos. Resultan especialmente útiles para ayudarnos a superar los condicionamientos negativos que hayamos recibido en la infancia y que, probablemente, se han visto muy reforzados desde entonces. También puede utilizarlas para reforzarse a sí mismo cuando atraviese situaciones difíciles o esté en compañía de personas con las que suele sentirse insignificante, deprimido o ambas cosas.

Muchas personas encuentran que las afirmaciones son más eficaces cuando utilizan la primera persona (yo) y el tiempo verbal presente (como en los ejemplos que figuran a continuación), pero yo he descubierto que también es muy útil utilizar el futuro («haré» «disfrutaré») y afirmaciones más generales («La vida es fantástica», «El trabajo puede ser divertido además de necesario»). En mi opinión —aunque hay personas que no la comparten—, es importante utilizar afirmaciones realistas y no exageradas (p. ej., no decirse: «¡Soy el mejor! ¡Puedo conseguir cualquier cosa!».

Al hacer afirmaciones, dígalas en voz alta cuando sea posible, usando un tono positivo y confiado. Relájese y sonría cuando hable. Las personas que utilizan esta técnica suelen decir las afirmaciones en voz alta como una rutina, cuando están solas (p. ej., cuando se preparan para ir a trabajar por la mañana). Si hace esto, descubrirá que las afirmaciones le vendrán a la cabeza con mayor facilidad cuando necesite un refuerzo o un autodiscurso positivo en situaciones deprimentes o difíciles.

He aquí algunos ejemplos de afirmaciones que puede repetirse a sí mismo:

«Soy una persona positiva.»
«Me gustan los retos.»
«Soy buen organizador.»
«Soy buena madre/ padre/ hijo, etc.»
«Hago un trabajo interesante y estimulante.»
«Tengo un enfoque creativo en la resolución de problemas.»
«Me preocupo por mantener mis relaciones.»

Y ahora daremos unos ejemplos de afirmaciones que puede decirse a sí mismo cuando se encuentre en circunstancias y compañía difíciles y desee proteger su autoestima:

«Escojo ser optimista.»
«Soy capaz de controlar mis sentimientos.»
«Estoy aprendiendo de esta experiencia.»
«Soy el mejor juez de mi propia valía.»
«Yo decido qué herirá o no mis sentimientos.»
«Acepto que los demás son diferentes a mí.»
«Yo escojo a mis amigos.»
«Me gusta el mundo con sus imperfecciones.»

Asociación

Esta técnica permite utilizar experiencias positivas del pasado para impulsarnos cuando necesitamos un refuerzo suplementario de confianza o positivismo. Para ello se debe programar el cerebro a fin de asociar a un pensamiento, palabra, sensación física o movimiento, o a todo ello, sensaciones positivas de experiencias pasadas. Entonces, seremos capaces de recordar las sensaciones positivas cuando pensemos en dicha ocasión, utilicemos la palabra clave o realicemos el movimiento físico asociado.

Método de autoayuda

Utilice su técnica de relajación preferida para relajarse profundamente (quédese «flotando», pero consciente). Recuerde, con el mayor detalle posible, una experiencia del pasado que le haya ayudado a sentir que su autoestima era especialmente elevada. Utilice la imaginación para revivir la experiencia lenta y plenamente, física y emocionalmente. Intente recuperar las sensaciones que experimentó en su cuerpo, así como los olores y sonidos que percibía.

Contémplese mentalmente a sí mismo durante unos minutos viendo cómo disfruta con dicha experiencia, mientras repite una palabra concreta y/o realiza un movimiento (p. ej., tamborilear con los dedos o presionar suavemente una parte de su cuerpo.) Este movimiento clave deberá ser leve y discreto, de forma que pueda hacerlo en público sin que nadie lo note.

Repita este ejercicio varias veces, hasta que compruebe que es capaz de responder automáticamente con el sentimiento de autoestima elevada cuando imagina la escena, pronuncia la palabra y/o sienta la clave física.

Aplique tan pronto como le sea posible esta asociación a situaciones de la vida real. Cuanto más a menudo utilice la asociación, más potente y útil será.

ASERTIVIDAD

Contar con una sólida capacidad de autoafirmación no sólo ayuda a ser más positivos y directos al solicitar la satisfacción de las necesidades, sino que también desempeña una función muy valiosa de protección de la propia valía y de la confianza en sí mismo. Cuando nos comportamos asertivamente, nos sentimos tranquilos y damos apariencia de tranquilidad, calma y sosiego. Incluso si no conseguimos lo que deseamos, salimos de las situaciones con nuestra autoestima intacta, sabiendo que nos hemos comportado honrosa y dignamente. Si quedamos decepcionados con el resultado, no nos castigamos a nosotros mismos por ser quejicas o tiranos, sino que nos admiramos por tener el valor de intentarlo y la dignidad de mantener el dominio de nosotros mismos. Además, las personas que contemplen nuestro comportamiento asertivo quedarán impresionadas y es mucho más probable que nos traten con respeto y consideración.

¿Qué es un comportamiento asertivo?

La asertividad sigue confundiéndose en nuestra sociedad con la agresividad pero, en mi opinión, estos estilos difieren en dos aspectos fundamentales. La agresividad suele ser utilizada por aquellas personas decididas: 1) a obtener lo que desean y 2) a obtenerlo a costa de los demás. En cambio, la asertividad va dirigida a: 1) aspirar y pedir lo que se desea (sabiendo que es posible que no se tenga éxito), 2) utilizando siempre un comportamiento respetuoso con los derechos de los demás.

A continuación he elaborado una lista de los adjetivos que suelo utilizar para describir a las personas cuyo comportamiento es sólidamente asertivo.

- Directas y abiertas.
- Claras y concisas.
- Constantes y firmes.
- Relajadas y controladas.
- Positivas y alegres.
- Innovadoras y desafiantes.
- Colaboradoras y democráticas.
- Protectoras y cuidadosas de sí mismas.
- Justas y equitativas.

Si está empezando a ponerse verde de envidia ante estos modelos, le consolará saber que a veces tiene grandes ventajas utilizar las otras dos alternativas fundamentales: el estilo de lucha o agresividad y el estilo de huida o pasividad. De hecho, creo que esto es lo que les ocurre a las personas con baja autoestima, que *tienden a atraer una cantidad excesiva de discriminación y abuso*. Por ello, hasta que mejore su autoestima, le resultará útil emplear estos dos últimos estilos con mayor frecuencia de lo que haría una persona con gran confianza en sí misma. Sea paciente consigo mismo y no empeore la situación criticándose por no ser tan asertivo como le gustaría.

Lamentablemente, no puedo dar indicaciones precisas sobre cuándo y dónde deben utilizarse estas tres formas de comportamiento porque, en última instancia, esta decisión es personal. Es necesario tener en cuenta la propia ética, las necesidades y los objetivos y seleccionar el comportamiento más adecuado a cada situación concreta.

Después de hacer estas advertencias, tengo noticias más agradables. Existen cinco importantes estrategias y técnicas que utilizamos los psicólogos para desarrollar la asertividad y que estoy segura de que serán muy útiles y beneficiosas no sólo para trabajar en los programas de este libro, sino también cuando ya haya alcanzado las altas cumbres de la superconfianza en sí mismo. Son las siguientes:

1. Disco rayado.
2. Crear confusión.
3. Aserción negativa.
4. Pregunta negativa.
5. Preparar guiones.

Sugiero que, después de leer las descripciones de las cinco estrategias, las aprenda y practique utilizándolas en compañía de un amigo o un grupo de autoayuda. Al experimentar ensayando distintos papeles se convencerá pronto de las cualidades beneficiosas de estas técnicas y descubrirá cómo adaptarlas para que se adecuen a su propio lenguaje y situaciones. Después de ensayar algunas veces, las estrategias dejarán de parecer técnicas artificiales y parecerán un comportamiento normal cotidiano. Finalmente, se las utilizará con espontaneidad y seguridad.

Si le resulta difícil desempeñar distintos papeles, escriba tantas variaciones como se le ocurran de cada estrategia y dígalas en alto con voz clara y fuerte. Si se graba y oye a sí mismo varias veces, grabará las nuevas respuestas en su subconsciente y, a medida que se oiga más asertivo, su confianza aumentará. No olvide premiarse cada vez.

Antes de presentar las cinco estrategias, he de hacer algunas advertencias:

1. No suele ser buena idea utilizar las estrategias siguientes en situaciones de emergencia, cuando está en peligro la seguridad física o incluso la vida. En estas ocasiones, lo mejor será seguramente emplear las respuestas pasivas (huida) o agresivas (lucha).

2. La principal función de las tres primeras estrategias es protegerlo deteniendo al agresor. No están pensadas para que usted o la otra persona resulte más agradable o simpática y no deben emplearse para resolver cuestiones morales o de relaciones complicadas o importantes.

3. Cada estrategia debe utilizarse sólo en el caso de que se esté totalmente convencido del derecho moral o le-

gal de protegerse a sí mismo o de hacer una petición.
4. Antes de hablar, debe tranquilizarse y asegurarse de
que está utilizando un lenguaje corporal asertivo.
Recuerde que, aunque a veces conviene sonreír, el
tono general debe ser serio, y su apariencia, relajada
y de control de la situación.

Disco rayado

Descripción de la estrategia

Declare directa y concretamente:

- Lo que desea, necesita o siente.
- Lo que está dispuesto a hacer o no hacer.
- Lo que le gustaría que la otra persona hiciese o deja-
se de hacer.

Repita continuamente en una frase un resumen de
este mensaje, una y otra vez, hasta que la persona en
cuestión se rinda o bien acuerde con usted un compromiso razonable.

Cuándo utilizarla

Es especialmente útil como instrumento de autoprotección cuando:

- Se está abusando de sus derechos legales humanos o
morales y desea que se haga justicia inmediatamente
(p. ej., en caso de conducta irrespetuosa, mal servicio o mercancía de mala calidad).

- Desea ahorrar tiempo o energía y no quiere que lo introduzcan en una discusión (p. ej., en caso de que le importunen antes de una reunión importante).
- Desea mantener su negativa a asumir responsabilidades que no le corresponden (p. ej., trabajar demasiadas horas más de la cuenta o cuidar a los niños demasiado tiempo).
- Desea afirmar su derecho a aplazar la resolución de un problema porque no es prioritario para usted (p. ej., si está demasiado cansado u ocupado para discutirlo).
- Necesita hacer hincapié en un punto importante y no se le presta atención (p. ej., si lo interrumpen continuamente en una reunión o si trata de decir «¡A la cama!» cuando está encendido el televisor);
- Algo exige una atención urgente o una acción inmediata y no puede permitirse que lo despachen (p. ej., si necesita enviar una carta por correo *hoy* o si tiene un dolor muy agudo y necesita un médico *ahora*).
- Desea afirmar su derecho a experimentar un sentimiento determinado frente a alguien que le dice que debería experimentar una emoción distinta (p. ej., si le da miedo tirarse al agua y otra persona se ríe y dice «no es posible que tengas miedo» o está satisfecho de haber obtenido un notable y otra persona piensa que debería estar avergonzado por no haber sacado un sobresaliente).

Cómo utilizarla

Elabore su frase de disco rayado, cuidando de asegurarse de que sus peticiones sean realistas y legal y moralmente justificadas. Es preferible empezar con «A mí me gustaría...» o «¿Podría usted...?» Por supuesto, puede decir «por favor», pero tendrá más impacto si no comienza la frase con estas palabras.

Construya otra fase que le indique que ha tenido en cuenta los sentimientos, posición o apuros de la otra persona (p. ej., «Entiendo que esto te resulta difícil, pero...» o «Veo que estás enfadado, pero...»). Esta expresión de empatía aumentará sus posibilidades de ser escuchado con atención y comprensión.

Utilizando un tono de voz tranquilo, fuerte y claro, repita la primera frase varias veces, incluyendo de tanto en tanto una expresión de empatía si es adecuado y en el momento oportuno. Utilice la primera frase como respuesta clave a cualquier cosa que diga la otra parte de forma verbal o no verbal). No responda a excusas, rechazos, amenazas o chantajes emocionales que pueda recibir; siga empeñado en su «disco rayado».

Ejemplo A (El disco rayado se indica en *cursiva* y la afirmación de comprensión en **negrita**.)

JOHN: ¿Podrías elaborar el orden del día de la reunión de mañana antes de irte?

TONY: *Hoy no puedo quedarme a trabajar después de la hora*, lo siento, pero tengo un compromiso importante.

JOHN: Bueno, pero el orden del día ha de estar hecho o la reunión será un caos.

TONY: **Entiendo que será un caos**, pero *hoy no puedo quedarme a trabajar después de la hora*.

JOHN: No te llevará más de media hora.

TONY: *Hoy no puedo quedarme a trabajar después de la hora*, tengo un compromiso importante.

JOHN: Yo no puedo hacerlo, ¿no puedes hacerme este favor? A fin de cuentas, yo te ayudé la semana pasada con la hoja de cálculo.

TONY: **Sé que es un problema para ti**, pero *hoy no puedo quedarme a trabajar después de la hora.*

JOHN: Bueno, entonces supongo que tendremos que arreglárnoslas.

Ejemplo B

LINDA: *Me gustaría que me llamaras Linda*, no «cariñín».

RICHARD: ¿Qué demonios te pasa hoy? ¿Has pasado una mala noche?

LINDA: Sólo he dicho que *me gustaría que me llamaras Linda.*

RICHARD: Es una forma de hablar. No es mi intención ser irónico ni seducirte. Aquí no nos gustan los formalismos, quizá no pasaba esto en tu anterior trabajo.

LINDA: **Supongo que te resultará un poco ceremonioso**, pero *me gustaría que me llamaras Linda.*

RICHARD: Bien, como quieras. Linda, ¿te importaría...?

Crear confusión

Descripción de la estrategia

Consiste en contestar a una crítica superflua con una respuesta que implique que existe la *probabilidad* de que la crítica *pudiera* estar justificada, aunque en el fondo se piense o se sepa que la persona que hace la crítica no tiene razón. Esta persona suele quedar desconcertada, porque no obtiene la respuesta esperada y no entiende qué está pasando (de ahí el nombre de la técnica, «crear confusión»).

Siga creando confusión con cada nueva crítica hasta que la persona en cuestión se rinda o se dé cuenta de que no obtendrá satisfacción alguna atacando a esta víctima.

Cuándo utilizarla

Puede utilizarla siempre que sea criticado:

- Por alguien que usted considera que no tiene derecho a criticarlo.
- En un momento o una circunstancia inadecuados (cuando usted desea aplazar la aclaración de la crítica).
- Cuando no haya tenido tiempo de tranquilizarse y pensar una respuesta asertiva.
- Por alguien cuya aprobación usted no necesita y cuando no desea gastar tiempo ni energía.
- Cuando la persona que hace la crítica lo insulte y descalifique en forma tan irracional que no tenga sentido para usted enzarzarse en una discusión seria.
- Por una persona que está enfadada y cuando usted desee esperar a que se calme para abordar la cuestión.
- Cuando empiece a sentirse lloroso o enfadado y desee retrasar la discusión hasta que se sienta más dueño de sus sentimientos.

Nota. A primera vista, esta técnica pude parecer más una forma de agradar a la gente que una habilidad para aumentar la autoestima, pero le aseguro que cuando se utiliza consciente y adecuadamente como mecanismo de autoprotección, constituye un estímulo muy valioso a la autoridad personal.

Ejemplo A (Las respuestas destinadas a crear confusión se indican en *cursiva*.)

Conductor de autobús impaciente: Debería tener preparado el dinero del billete. No podemos estar todo el día esperando mientras busca en su monedero.

Madre sofocada: *Puede que sea un poco lenta...*

Conductor de autobús: Si lleva a sus niños en autobús, debería organizarse mejor.

Madre: *Puede que tenga usted razón.* Un billete y dos medios billetes hasta la iglesia, por favor.

Ejemplo B

Compañero enfadado: Eres idiota. ¿Por qué dejaste aquí las muestras? No se te puede confiar nada. Eres un...

Compañero medio culpable: *Puede que no fuera el mejor lugar para dejarlas.*

Compañero enfadado: Si yo fuera el jefe, te despediría inmediatamente. Las personas como tú causan problemas; siempre siembran el caos.

Compañero medio culpable: *Puede que yo no sea el compañero de trabajo más fácil.*

Compañero enfadado: No entiendo por qué ese idiota piensa que una persona con muchos títulos está cualificada para dirigir un almacén.

Compañero medio culpable: *Puede que tengas razón,* quizá no tengo suficiente experiencia práctica.

Compañero enfadado: Bueno, lo olvidaremos por esta vez, pero espero que la próxima vez pienses antes de actuar.

Compañero medio culpable: Lo haré.

Aserción negativa

Descripción de la estrategia

Consiste en responder a una crítica manifestando tranquilamente su acuerdo con la verdad o la parte de verdad contenida en la opinión de la persona, sin añadir justificaciones defensivas que puedan desencadenar una discusión. Esta estrategia deberá utilizarse hasta que la otra persona deje de atacar.

Cuándo utilizarla

Utilice esta técnica sólo cuando esté seguro de que está de acuerdo con lo que dice (en caso contrario, emplee la técnica de crear confusión). Aunque la persona que lo critica haya dado en el talón de Aquiles, es posible que usted desee detener la crítica por alguno de los siguientes motivos:

- Se le critica una falta o error que ya ha admitido y en cuya corrección esté trabajando.
- Se le critica una «falta» que no puede cambiar, como un defecto físico o una característica genética, pero que, por la razón que sea, no quiere defender en ese momento (ni en ningún otro).
- Está oyendo la misma cantilena de siempre y no quiere desperdiciar energía justicándose otra vez.
- La persona que lo crítica ha sido insensible o inoportuna al escoger el momento para recordarle sus faltas o errores.
- Usted está demasiado ocupado o cansado para discutir y prefiere posponerlo.

- Aunque la crítica está justificada, usted no desea hablar de sus debilidades con esa persona.

En los siguientes ejemplos, observe cómo el empleo de esta técnica ayuda a impedir que se generen discusiones no deseadas.

Ejemplo A

MADRE: Siempre estás ocupada. Parece que nunca tienes tiempo para hablar cuando llamo.

JILL: *Es verdad, últimamente no tengo tiempo para hablar contigo cuando llamas.*

MADRE: Deberías cuidarte mejor. Trabajas demasiadas tardes.

JILL: *Tienes razón, llevo una temporada trabajando demasiadas tardes.*

MADRE: Los niños también deben de estar hartos, no te verán mucho.

JILL: *Ya sé que no me ven mucho últimamente.*

MADRE: espero que cambien las cosas la semana que viene. Ya te llamaré entonces.

JILL: *Gracias, espero que podamos hablar entonces.*

Ejemplo B

SIMON: Llegas tarde otra vez.

JACKIE: *Sí, llego tarde.*

SIMON: Se está convirtiendo en una mala costumbre.

JACKIE: *Es una mala costumbre.*

SIMON: Tienes muchas malas costumbres.

JACKIE: *Sí. Desde luego no soy perfecta.*

SIMON: Deberías organizarte. Si no, no llegarás a ningún lado aquí.

JACKIE: *Es cierto que debo cambiar en algunas cosas.*

SIMON: Las mujeres son todas iguales, no se toman el trabajo en serio. Lo único que les importa es su casa y nunca cambiarán.

JACKIE: *Doy una gran importancia a mi vida privada.*

SIMON: Bueno, es tu vida. Haz lo que quieras. Pero no te quejes por no tener suficiente dinero.

JACKIE: No lo haré.

Pregunta negativa

Descripción de la estrategia

Consiste en responder a la desaprobación verbal o no verbal de la persona que hace la crítica pidiendo una *aclaración* o *invitando a la crítica* directamente. Si la persona se lanza a hacer críticas no deseadas, se la puede detener utilizando las técnicas de crear confusión o aserción negativa anteriormente expuestas. Si la crítica es válida y útil, puede (si tiene tiempo y energía) continuar utilizando la estrategia para obtener más información específica.

Cuándo utilizarla

Esta estrategia puede utilizarse cuando:

- Se quede perplejo por una observación o una mirada y piense que ello pueda implicar una crítica inoportuna, injusta o injustificada.
- No esté seguro de si la crítica es bien intencionada y se limita a pedir o dar información útil o si pretende provocarlo, quizá porque se le considera presa

fácil o sencillamente porque su interlocutor está
aburrido.

• Crea que alguien está hablando mal de usted o criti-
cándolo y desee sacar el asunto a la luz y detenerlo
en el origen.

¡Cuidado! Utilice la pregunta negativa sólo cuando
su autoestima sea relativamente sólida y usted se sienta
lo bastante seguro de sí mismo para utilizar las técnicas
de crear confusión o aserción negativa para bloquear
críticas posteriores.

En los ejemplos que siguen, la pregunta negativa está
en *cursiva* y las afirmaciones posteriores para crear confusión o aserción negativa figuran en **negrita**.

Ejemplo A
ANTHONY: ¿Cómo es que has llegado antes que nadie?
ROGER: *¿Quieres decir que he conducido demasiado rá-
pido?*
ANTHONY: Eres muy competitivo, siempre tienes que ga-
nar.
ROGER: **Quizá me guste ganar.**

Ejemplo B
SHEILA: Cuando entré en la habitación, dejasteis de hablar. ¿Estabais hablando de mí? Como esto ha ocurrido varias veces esta semana, *me pregunto si estoy haciendo algo que no os gusta o que no os parece bien.*
ROBERT: Bueno, sí, creemos que últimamente estás un
poco mandona.
SHEILA: *¿De qué modo? ¿Puedes darme un ejemplo?*
ROBERT: Se trata sólo de tu actitud.
SHEILA: *¿Crees que no me importan vuestros sentimientos?*

ROBERT: No, no es eso. Es que desde que te han ascendido ya no eres divertida.

SHEILA: **Puede que esté algo seria**, pero si en el futuro deseáis hacer comentarios sobre mi forma de dirigir, preferiría que lo hicieseis a la cara en lugar de elegir el momento en que nos estamos preparando para una reunión importante.

Preparar guiones

Descripción de la estrategia

Consiste en utilizar una estructura fija y unas directrices estrictas para preparar un discurso inicial conciso y asertivo y luego ensayarlo (mentalmente, en voz alta o escenificando). El guión preparado ayudará a que usted parezca tan autoritario y seguro de sí mismo que lo escuchen con atención y respeto, con lo que sus posibilidades de obtener lo que desea aumentarán considerablemente.

Cuándo utilizarla

Esta estrategia puede utilizarse para plantear prácticamente cualquier petición o queja justificada, pero es útil sobre todo cuando:

- Sabe que probablemente estará más pasivo o agresivo de lo que le gustaría.
- Sus sentimientos de preocupación o frustración deben permanecer bajo control.
- Sabe que hablará con alguien que puede no darle la

atención que merece porque esté ocupado o muy preocupado.

- La persona con la que va a hablar le intimida o puede tacharlo de quejica o considerar que sus necesidades no son importantes.

- Desea continuar con una crítica que haya bloqueado previamente con las estrategias de crear confusión o de aserción negativa.

- Desea establecer un tono positivo y acompasado a un proceso de negociación (resulta particularmente útil cuando la otra parte es muy pesimista o está a la defensiva).

Aunque la técnica de elaborar guiones se utiliza principalmente para preparar encuentros verbales, también puede emplearse como una valiosa guía para redactar cartas concisas y directas o informes breves o peticiones. De hecho, cuando las personas con un bajo nivel de autoestima comienzan a ser asertivas, las quejas y peticiones por escrito (incluso a amigos íntimos y a familiares) pueden ser la opción más autoprotectora y no deben considerarse formas cobardes de escape.

Cómo elaborar un guión

He utilizado una frase mnemotécnica para recordar los cuatro elementos principales de un guión: explicación, sentimientos, necesidades y consecuencias. Para lograr un resultado óptimo, es importante considerar estos elementos en el orden que presento.

120 Autoestima

En el mundo, todos los	Seres	Necesitan	Confianza
x	e	e	o
p	n	c	n
l	t	e	s
i	i	s	e
c	m	i	c
a	i	d	u
c	e	a	e
i	n	d	n
ó	t	e	c
n	o	s	i
	s		a
			s

Explicación Explique la situación de forma objetiva y concisa, si es posible utilizando una sola frase. No incluya justificaciones ni teorías sobre las causas y los motivos de la situación.

Sentimientos Manifieste sus sentimientos con exactitud, utilizando frases asertivas que comiencen por «Me siento...» en lugar de las acusadoras «Me haces...» o «Ello hace que me sienta...».

Señale brevemente que ha tenido en cuenta los sentimientos o dificultades de la otra persona (declaración de empatía).

Necesidades Declare lisa y llanamente qué es lo que desea o no desea, pero asegúrese de que sus peticiones sean realistas. Si desea plantear más de una o dos peticiones, o éstas resultan difíciles de explicar, formule una petición general, como solicitar que se discuta más a fondo el asunto o que se dé una atención prioritaria a su informe. Si desea obtener un compromiso, incluya una declaración que sugiera que está dispuesto a negociar.

Consecuencias Describa los beneficios que obtendrá la otra persona por acceder a sus deseos o escucharle con atención y comprensión.

Entre paréntesis, después de elaborar su guión, señale las consecuencias negativas que podría utilizar para «amenazar» o «castigar» a la otra persona si no responde a su petición. Decida entonces qué está más justificado: la zanahoria (consecuencias positivas) o el palo (consecuencias negativas). Aunque es posible que nunca tenga que recurrir a las consecuencias negativas (los guiones son muy eficaces), el mero hecho de anotarlas estimulará su sensación de autoridad personal.

Ejemplo A

«Ayer empezaste a criticarme cuando hacíamos cola en la estación (**explicación**). Me sentí avergonzada y enfadada contigo (**sentimientos**) y, aunque sé que tenías buenas razones para quejarte (**comprensión de los sentimientos**), me gustaría que escogieras un lugar más privado para decírmelo (**sentimiento**). De esta forma, tendré más en cuenta lo que me dices (**consecuencia positiva**).»

o:

«En caso contrario no accederé a tus deseos y será mucho más difícil que cambie (**consecuencia negativa**).»

Ejemplo B

«En las tres últimas semanas, sólo he salido puntualmente de la oficina un día, y ahora vuelves en el último momento a darme trabajo urgente a pesar de que te he dicho que hoy quiero salir a mi hora (**explicación**). Estoy enfadado (**sentimientos**) y aunque sé que se trata de algo muy importante para ti (**comprensión**), me gustaría que en esta ocasión se lo pidieras a otra persona o lo dejases para mañana (**necesidad**) pues, por un lado, se hará mejor si no se hace con prisa y, por otro, no te sentirás culpable por hacer que yo vuelva a perder el tren hoy (**consecuencias positivas**).»

o:

«Estaré cada vez más reticente a trabajar más tarde de mi hora y me buscaré otro trabajo (**consecuencias negativas**).»

GESTIÓN DEL ESTRÉS

En la actualidad, casi todo el mundo que conozco dice ser un experto aficionado en gestión del estrés. Cuando me encuentro cansada y agobiada, nunca me faltan orientaciones acertadas y buenos consejos. Y, por supuesto, también están los auténticos expertos. Éstos parecen surgir por millares de nuevas actividades y profesiones que responden a las necesidades de la sociedad actual, que se mueve a un ritmo muy rápido y que está sometida a mucha presión. Así pues, para no ser menos he pensado introducir aquí unas cuantas ideas.

Más seriamente, la gestión activa del estrés debe ser siempre una parte muy importante tanto de la construcción de la autoestima como de su mantenimiento. Si piensa que su modo de hacer frente al estrés no es adecuado, sugiero que haga un curso de los muchos que existen o que lea alguno de los numerosos libros disponibles en el mercado. Mientras tanto, daré algunas orientaciones y técnicas que he encontrado especialmente importantes y útiles. La lista que sigue puede utilizarse para repasar una vez al mes o cuando considere que se halla sometido a una presión excesiva.

ORIENTACIONES GENERALES
PARA LA GESTIÓN DEL ESTRÉS

- Elabore una lista de sus tareas por orden de importancia y establezca un horario al principio de cada día.
- Tómese breves descansos con intervalos regulares a lo largo del día. Utilice uno de los relajantes rápidos que se describen más adelante o estírese o respire profunda y tranquilamente durante dos o tres minutos cada hora.
- Vigile su postura y controle periódicamente que no está tenso y que su cuerpo está bien apoyado.
- Consuma alimentos sanos que estimulen su paladar así como sus intestinos. Tenga siempre a mano esta clase de alimentos. Limite la cantidad de estimulantes y toxinas (como cafeína y alcohol) que ingiere cada día.
- Acuéstese por lo menos media hora antes de lo habitual y levántese un cuarto de hora antes de lo necesario. Establezca y realice cada día ritos estimulantes por la mañana y tranquilizantes por la noche.
- Reduzca todo lo posible el estrés que le rodea (p. ej., asegúrese de que su lugar de trabajo y su hogar tienen buena luz, un asiento cómodo y bajo nivel de ruido y que están ordenados).
- Establezca citas frecuentes para hablar y compartir con personas que lo escuchen y que se preocupen por usted y por los asuntos que le afectan.
- Libere sus emociones reprimidas en cuanto pueda: encuentre un lugar privado donde pueda reír, llorar, gruñir, gritar, golpear almohadones, tocar un tambor, etc. O inicie la práctica de un deporte o pasatiempo que le permita liberar sus frustraciones reprimidas.

- Permita a su mente desconectarse al menos dos veces al día, una de ellas por medio de música, un libro o programa de televisión preferidos, y otra, utilizando técnicas de aclaración, como la meditación o una de los relajantes rápidos que se explican más adelante.
- Realice al menos diez o quince minutos de ejercicio físico moderado cada día, y tres sesiones de veinte minutos de ejercicio más fuerte a la semana.
- Utilice técnicas de relajación profunda durante al menos veinte minutos una vez por semana (p. ej., una cinta de relajación, sauna, masaje o un simple baño de aromaterapia con velas).
- Planee actividades divertidas al principio de la semana para estimular su humor y su espontaneidad.

Relajantes rápidos

Ejercicio físico suave

Cómo utilizar esta técnica En cualquier momento en que sienta que la tensión física le impide sentirse o parecer tan relajado como necesita o desea estar. Practíquela en cuanto empiece a sentirse nervioso, tenga sensación de pesadez en la cabeza o una inquietante rigidez en el cuello. Intente adoptar la costumbre de realizar los ejercicios antes de abordar cualquier situación potencialmente estresante, como dar una presentación, reunirse con un cliente difícil o incluso acudir a la fiesta familiar de Navidad.

- Busque un rincón tranquilo a salvo de miradas entrometidas o burlonas, como el cuarto de baño. En primer lugar, mueva la cabeza hacia los lados y luego de arriba abajo para liberar la tensión del cuello. Arrugue con fuerza la cara y tense el cuerpo; manténgase así un par de segundos y luego relaje lentamente los músculos. Repita el ejercicio varias veces, acabando con dos tensiones del cuerpo entero. Sacuda las muñecas y los tobillos, haga rotar los hombros en ambas direcciones y hacia arriba y abajo, y gire varias veces la parte superior del cuerpo alrededor de las caderas. Por último, después de sacudir el cuerpo a conciencia, respire profundamente varias veces, repita tres veces para sí mismo «Estoy relajado» y vuelva al combate.

* Si no puede salir de la habitación (en caso de estar sentado en una mesa de reunión o en una cena), puede relajarse aflojando conscientemente el cuerpo (p. ej., descruzando las piernas, dejando caer los hombros o sentándose erguido para que el cuerpo esté más sujeto). Apriete discretamente uno o ambos puños (p. ej., por debajo de la mesa) y relájelos despacio. Repita la operación con los pies y los dedos de los pies. Nadie lo notará y usted se sentirá inmediatamente más relajado y con un mayor control sobre sí mismo. Puede estar seguro de que, cuando hable, su voz se proyectará con mayor volumen e impacto porque estará relajado.

Dónde utilizarla Esta técnica puede utilizarse literalmente en cualquier sitio, como en la cola del supermercado, mientras espera para hacer una entrevista o pasar un examen, pero funciona aún mejor si encuentra un lugar para tumbarse o sentarse en una postura relajada.

- Cierre los ojos. Relaje conscientemente cualquier tensión del cuerpo. Compruebe que la cara, las mandíbulas, las manos, los brazos, las piernas y los pies están flojos. Húndase en la superificie donde esté sentado o tumbado y siéntase soportado por ésta.
- Respire profunda y lentamente tres o cuatro veces, concentrándose en la respiración a medida que el aire entra y sale (a veces ayuda imaginarlo de un color cuando entra y de otro cuando sale).
- Respire ahora naturalmente y con fluidez, contando hacia atrás a partir de 50 o repitiendo el alfabeto.
- Acabe dejando flotar suavemente su mente unos instantes.
- Repita el proceso si tiene tiempo.

Meditación de afirmación positiva

- Relájese utilizando uno o ambos de los ejercicios anteriores.
- Con los ojos cerrados, pronuncie una frase afirmativa breve y oportuna a medida que aspira y exhala aire (p. ej., mientras inspira: «Tengo...» y mientras exhala: «...confianza en mí mismo/ simpatía/ el control de la situación/ valor/ calma», etc.).
- Cuando acudan a su cabeza pensamientos, preocupaciones o reflexiones, concéntrese en su frase afirmativa.

Meditación de símbolo escénico

- Relájese, como se ha explicado anteriormente.
- Cierre los ojos y concéntrese en un símbolo o una es-

cena que le evoque una sensación de paz y relajación (p. ej., su habitación preferida, una puesta de
sol en la playa, un gato durmiendo, un girasol, etc.).
• Utilice la imaginación para examinar el símbolo con
todo detalle. Cada vez que acuda un pensamiento a
su mente, vuelva a concentrarse en el símbolo escogido.

Estrategia tranquilizadora de la noche previa

Visualización creativa

Esta técnica de visualización creativa utiliza su imaginación para ayudarle a practicar sus habilidades de
autoconfianza y proporcionar a su subconsciente una
imagen de usted mismo logrando con éxito su objetivo
con la menor cantidad de estrés posible.

Cuándo utilizarla La noche previa a un reto difícil,
cuando necesite sentirse confiado y relajado. El ejercicio le llevará entre veinte minutos y una hora, según el
tiempo que pueda dedicarle (cuanto más, mejor). Puede poner música suave y relajante mientas tanto.

• Túmbese en un lugar donde pueda estar solo y nadie
lo moleste, por ejemplo la bañera, y pase diez minutos relajando su cuerpo hasta que la mente alcance
ese maravilloso nivel de «flotación».
• Mientras sigue relajado y respirando rítmica y pausa-
damente, imagine la hora en que debe levantarse al
día siguiente. Imagínese a sí mismo vistiéndose y
preparándose para el día tranquilamente. Imagínese
disfrutando de un desayuno nutritivo y relajado.

- Continúe imaginándose a sí mismo afrontando los acontecimientos del día con un estado de ánimo muy positivo y relajado. Procure obtener una imagen de sí mismo tranquilo, calmado y sosegado en medio de cualquier crisis o dificultad que prevea que puede atravesar. Esté atento a los detalles, especialmente al lenguaje corporal, y trate de oír en su mente el tono confiado y controlado de su voz. Admire la visión de su propia persona relajada tanto tiempo como pueda, pues cuanto más fuerte sea esta imagen, más probable es que se haga realidad el día siguiente.

Control de la gestión del tiempo

- Cada mañana, después de elaborar la lista de tareas diarias por orden de importancia (porque la hace, ¿verdad?) revísela y puntúe cada tarea del 1 al 10 en función de su capacidad generadora de estrés.
- En función del grado de estrés que haya atribuido, añada una actividad de relajación adecuada.
- Cuando revise la lista al final del día, compruebe: a) si ha realizado su actividad de control del estrés y b) si ha sido efectiva. Si descubre que sus esfuerzos no dan el resultado deseado, pruebe a colgar en un lugar público un cartelito con su decisión de relajarse diariamente y pida que se lo recuerden con amabilidad.

Control de los síntomas de estrés

Cuándo utilizarlo
¡Preferiblemente todas las semanas!

- Elabore una breve lista de los síntomas específicos que le indican que está experimentando demasiado estrés (o fotocopie la lista que figura a continuación, recordando que no es exhaustiva).
- Haga varias fotocopias de la lista para utilizar una al final de cada semana o, al menos, al final de cada mes. Colóquela en su expediente de gestión del estrés o de desarrollo personal (porque elaboró uno, ¿verdad?)
- Puntúese a sí mismo del 1 al 10, según esté manejando su estrés.

SÍNTOMAS QUE SUELEN INDICAR DEMASIADO ESTRÉS

Síntomas físicos
Indigestión
Dolores de cabeza por tensión nerviosa
Senos nasales obstruidos
Problemas intestinales (diarrea o estreñimiento)
Frecuente necesidad de orinar
Dolor de hombros, espalda o cuello
Erupciones cutáneas
Rigidez de las articulaciones
Hormigueos frecuentes
Vértigo
Síndrome premenstrual exagerado

Síntomas psíquicos
Tristeza
Irritabilidad
Ataques de ansiedad
Angustia incontrolable
Aumento de la falta de confianza
Aumento de obsesiones o fobias
Palpitaciones
Tendencia a la excitación exagerada
Escasa capacidad de excitación o pasión
Sensación de confusión
Sensación de agobio
Apatía
Sensación de impotencia
Despersonalización (sensación de contemplar el mundo desde el exterior)
Pérdida de confianza en las personas (mayor desconfianza)

Síntomas de la conducta
Falta de concentración
Incapacidad para escuchar con atención
Hablar demasiado
Incapacidad para controlar ataques de risa, tics nerviosos, etc.
Hablar muy poco, permanecer callado
Encerrarse en sí mismo (por ejemplo, comer siempre solo)
Actuar con precipitación
Gritar más de lo normal
Torpeza
Hábitos nerviosos (p. ej., morderse las uñas, rascarse, hurgarse la nariz)
Dificultad para tomar decisiones

Mala planificación que conduce a programas demasiado apretados

Reticencia a delegar

Exageración de los problemas

Aspecto descuidado

Incumplimiento de los ejercicios físicos o actividades deportivas programados

Ausencia de tiempo de ocio

Falta de actividad social

Tendencia a la sobreprotección

Ir demasiado sobre seguro; no correr los riesgos calculados habituales

Gastar más de la cuenta y acumular deudas

Levantarse o acostarse demasiado tarde

Insomnio

Pesadillas

Olvidos frecuentes

No acudir a citas, cumpleaños, etc.

TERCERA PARTE

PROGRAMAS DE AUTOAYUDA

La primera parte le inyectó motivación para adquirir las indudables ventajas de una autoestima elevada, la segunda le aportó algunas herramientas imprescindibles y, ahora, la tercera le mostrará la forma de emprender la acción. Los tres capítulos siguientes contienen programas prácticos de autoayuda que le resultarán de utilidad para cuidar su propia autoestima a fin de que dependa de ella para mantener un estado permanentemente saludable.

Así pues, ¡despídase de sus excusas y ensoñaciones y prepárese para la acción!

¿Ha imaginado alguna vez lo maravillosa que debe de ser la vida de un coche antiguo, querido y escrupulosamente cuidado? Lo dudo, pero si ha llegado hasta aquí, apuesto a que desea probarlo.

Al igual que en el capítulo relativo a suprimir los hábitos autodestructivos, en este apartado utilizaré una metáfora aproximada para ilustrar las estrategias que propongo destinadas a estimular su autoestima y mantenerla en buenas condiciones. He vuelto a escoger un tema del que no sé prácticamente nada (mantenimiento de coches), así que ruego a los aficionados y a los profesionales de este campo que tengan comprensión y paciencia. Estoy segura de que algunas de mis analogías no resistirían un análisis riguroso de un mecánico competente, pero espero que tengan sentido para los pobres mortales y cumplan su función de ayudarle desenfadadamente a recordar algunas cosas.

En el capítulo VI trabajaremos una serie de ejercicios que le ayudarán a transformar completamente su coche. Se le hará una puesta a punto de primera y se le proporcionará el cuidado que normalmente se reserva a la flor y nata del mundo del automóvil. Una vez que el motor haya empezado a ronronear de nuevo y reluzca como si estuviera en un salón de exposición, siguiendo las indicaciones de los capítulos VII y VIII estará en condiciones de ofrecerle un mantenimiento periódico y una conducción correcta. (Recuerde que ésta es una simple fantasía; ¡no caben siniestros totales prematuros ni folletos de coches nuevos!)

Antes de iniciar el capítulo siguiente, será necesario detenerse unos momentos a seleccionar el coche antiguo concreto que lo representará a usted y a su autoestima. Escoja un modelo adecuado a su personalidad y a su estilo de vida. Puede tratarse de un coche antiguo chirriante, de un valioso pero gastado sedán familiar o de un especialísimo coche deportivo en vías de desintegración. No importa lo desgastado que parezca o se sienta actualmente siempre que debajo de los arañazos y la suciedad se escondan grandes posibilidades.

Ahora, deje de leer y escoja su coche.

VI

LA GRAN REVISIÓN

PASO 1: VISUALICE UN MODELO DE EXPOSICIÓN SUGERENTE

Antes de empezar a desmontar el motor o la carrocería de un coche, estoy segura de que los mecánicos competentes tienen bien claro en su cabeza qué aspecto y sonido tiene un modelo similar en perfectas condiciones. En el mejor de los casos, incluso se asegurarán de tener uno o varios modelos cerca mientras trabajan. Si esto no es posible, al menos se asegurarán de contar con buenas fotografías y esquemas a modo de guía.

Antes de levantar nuestro capó, también nosotros hemos de tener en la cabeza una clara representación de la clase de persona que nos gustaría ser. A menudo, cuando las personas con baja autoestima comienzan un trabajo de desarrollo personal, se dan cuenta de que aspiran a objetivos no realistas para sí mismos. Los tres errores más frecuentes suelen ser los siguientes:

1. Querer dar marcha atrás en el tiempo y ser la persona que se era antes.
2. Querer ser idéntico a una persona a la que se admira.
3. Pretender ser la clase de persona que los demás desearían que fuera.

Ninguna de estas ideas es intrínsecamente mala y todas ellas pueden suponer un útil impulso motivador. Pero si vamos a inspirarnos en uno de estos objetivos, debemos asegurarnos de que son tanto realistas como adecuados a nuestras necesidades y valores. Por ejemplo, tener a mano una fotografía de nosotros mismos en tiempos mejores puede constituir un estímulo, pero también puede ser deprimente si las posibilidades de dar marcha atrás son muy pequeñas. Asimismo, admirar a personas a quienes tenemos en un pedestal puede motivarnos, pero también ser frustrante si somos incapaces de identificarnos con ninguno de los puntos fuertes de nuestro héroe o heroína. Por último, utilizar el estímulo de otras personas para cambiar sólo puede ayudarnos si estas personas comparten nuestro ideal y realmente desean que nos convirtamos en la clase de persona que nos gustaría ser.

Por todo ello, he diseñado el ejercicio siguiente para ayudarle a elaborar la imagen ideal de sí mismo, que aunque constituya un reto y un estímulo, también será muy alcanzable.

Ejercicio: futura subasta

Imagine que dentro de uno o dos años se pondrá usted mismo a la venta en una subasta exclusiva, en las que se venden sólo los mejores modelos antiguos. Le han pedido que presente una breve descripción y una fotografía para su inclusión en el brillante catálogo. (No olvide que, una vez convertido en el modelo de sus sueños, tendrá la suficiente confianza en sí mismo para hacer valer su derecho a decidir si es demasiado precioso para ponerse a la venta.)

Rellene los espacios en blanco, teniendo en cuenta que debe respetar determinadas normas de publicidad, pero sin olvidar que se tratará de una versión muy mejorada de su *yo* actual. Observe que también hay espacio para una fotografía imaginaria.

Nombre ....

Cualidades personales más notables
1. ....
2. ....
3. ....

Especialmente cualificado para
....
....
....

Prueba de su capacidad para superar retos difíciles (p. ej., en el último año logró...)
....
....
....

Se puede confiar plenamente en él/ella porque
....
....

Si alguna vez tiene la desgracia de tener que despedirse de ...., siempre lo recordará por
....

Imagine que en este espacio en blanco colocará una fotografía de su *nuevo yo* en una circunstancia típica de su vida. No olvide que cuando su autoestima haya alcanzado un nivel suficientemente elevado, es probable que cambien muchos aspectos de su vida y sus relaciones. Por ello, antes de escribir, pregúntese a sí mismo lo siguiente:

Dentro de uno o dos años:

- ¿Qué actividad me gustaría estar haciendo?
- ¿Querría estar con alguien? (puede incluir a una nueva persona imaginaria).
- ¿Qué aspecto me gustaría tener? (ropa, pelo, expresiones no verbales, etc.).

Debajo de la fotografía, añada algunas observaciones descriptivas o dé rienda suelta a su creatividad y haga un dibujo imaginativo.

PASO 2: CALCULE LOS COSTES

En nuestra sociedad consumista, la revisión no suele ser un procedimiento barato, y los costes son generalmente elevados tanto en tiempo como en recursos. En la vida real (por moralmente inaceptable que pueda ser esta estricta verdad económica), suele ser más barato optar por un coche nuevo. Por lo tanto, los coches se ven condenados al desguace mucho antes de su auténtica fecha de caducidad, de la misma manera que los empleados se ven a menudo despiadadamente sustituidos mucho antes de haber alcanzado su pleno rendimiento.

Afortunadamente, usted ha prometido no considerar siquiera la posibilidad de «desecharse por inútil». Una de las consecuencias de esta decisión es que quizá deba «invertir» en usted mismo durante cierto tiempo para poder hacer frente a los costes de poner a punto su autoestima. En fin de cuentas, en el mundo del mantenimiento de ejemplares antiguos únicos, sólo un ingenuo podría esperar excelentes resultados de una chapuza barata. Del mismo modo, para llevar a cabo cambios duraderos en nuestra personalidad y comportamiento, es posible que debamos incurrir temporalmente en muchos gastos. La diferencia entre nosotros y el amante dueño de un coche es que, en general, recurriremos a distintos fondos para acceder al recurso que necesitamos.

Como esto es fundamentalmente un programa de autoayuda, los recursos que necesitará para realizar este programa de revisión consistirán sobre todo en *tiempo* y *energía*, más que en dinero contante u otra hipoteca. Tal vez no resulte muy alentador para las personas que ya tienen una vida muy llena y ocupada, pues soy consciente de que a veces es mucho más difícil disponer de estos dos recursos que de dinero. Ésta es una de las razones por las que tantas personas con baja autoestima están cada vez más dispuestas a pagar elevadas cantidades de dinero a terapeutas y farmacéuticos que prometen un alivio inmediato de los síntomas, así como el motivo de que los productos caros, como ropa de diseñadores, coches nuevos o vacaciones de lujo, se comercialicen a menudo en virtud de sus cualidades para subir la moral y el nivel social instantáneamente. (Y, por supuesto, en nuestra sociedad materialista, cuanto más caro sea el placer o el símbolo de nivel social, más tentador puede resultar para una persona con un bajo nivel de autoestima.)

Si es usted una de las muchas personas que ya ha gastado una pequeña fortuna en esta clase de «estímulos de emergencia» para su propia valía, quizá desee probar el ejercicio que se describe a continuación, el cual puede resultar un enfoque mucho más rentable a largo plazo:

Ejercicio: presupuesto

1. ¿Cuánto tiempo puedo emplear razonablemente al mes para realizar los ejercicios de este libro y trabajar en algunas de las causas básicas de mi baja autoestima? (entre cuatro y seis horas al mes es el mínimo necesario para apreciar un progreso en el plazo de unos meses.)
   1/2/3/4/5/6/7/8 o .... horas

2. ¿Cuánto tiempo puedo dedicar al día para reflexionar sobre mi progreso?
   5/10/15 o .... minutos

3. ¿Cuánto dinero puedo y estoy dispuesto a gastar en recursos adicionales, como libros, cursos, cintas, papel, material artístico, recompensas, etc.?

....

4. ¿Qué actividad o actividades estoy dispuesto a sacrificar en los dos próximos meses, en caso de necesitar más tiempo para poner a punto mi autoestima?

....

5. ¿Qué reducciones necesito hacer en mis gastos corrientes para tener más dinero disponible para mi trabajo de desarrollo personal?

....

6. ¿Qué estoy dispuesto a hacer para aumentar mi nivel de energía y hacer frente a las exigencias extraordinarias de mi cuerpo, mente y emociones? (Ejemplos: acostarme temprano, tomar suplementos vitamínicos, negarme a trabajar horas extraordinarias, etc.)

....

PASO 3: ELABORE UN DIAGNÓSTICO

Ha llegado el momento de desmontar todo. El siguiente paso será analizarse usted mismo para determinar exactamente qué factores pueden estar perjudicando a su autoestima y cuáles pueden estar teniendo un efecto positivo. Esta información le ayudará a utilizar con mayor eficacia los recursos que haya asignado a su programa de puesta a punto. También se formará una idea mucho más clara de los aspectos que usted, en tanto que individuo único, puede necesitar sustituir, mejorar o simplemente reforzar para convertirse en la clase de persona que le merezca un gran respeto.

Ejercicio: análisis de los propios puntos fuertes y débiles

1. Piense en tres ocasiones en los últimos seis meses en que haya sentido que funcionaba bien y que su autoestima estaba especialmente alta. Reviva cada una de dichas situaciones hablando o pensando en ellas durante un rato. Recree en su mente la imagen del aspecto que tenía. Recuerde cómo empleaba la mayor parte de su tiempo y de qué compañías disfrutaba. Póngalo por escrito y tenga estas notas a mano de modo que pueda utilizarlas para darse ideas cuando realice los ejercicios de los capítulos siguientes.
2. Recuerde tres ocasiones en que su autoestima se hallaba inestable y usted avanzaba lentamente o incluso se estrellaba. Al igual que antes, piense en ello detenidamente y elabore notas a las que poder recurrir más tarde.
3. Utilizando sus notas para estimular el pensamiento, complete las siguientes frases:
   «Tiendo a sentirme bien conmigo mismo cuando:
   – soy el tipo de persona que...»
   – utilizo mi capacidad para sentirme...»
   – utilizo mi mente para...»
   – utilizo mi cuerpo para...»
   – utilizo mi habilidad para...»
   – utilizo mis conocimientos sobre...»
   – soy la clase de amigo que...»

– soy la clase de familiar que...»
– soy la clase de empleado que...»
– vivo con arreglo a valores que respetan...»
– los demás me perciben como...»
– tengo la costumbre de...»

4. Repita el ejercicio anterior, empezando esta vez cada frase de la siguiente manera:
«Tiendo a *no* sentirme bien conmigo mismo cuando...»

PASO 4: CONSOLIDE SUS PUNTOS FUERTES

Con frecuencia, cuando nuestra autoestima se encuentra en un momento bajo, un análisis pondría de manifiesto que no hemos utilizado nuestras capacidades al máximo, quizá porque están oxidadas o incluso porque las hemos olvidado en nuestra obsesión por nuestras debilidades y dificultades. El ejercicio siguiente le ayudará a pulir estos valiosos elementos de sí mismo.

Ejercicio: refuerzo de los puntos fuertes

1. Elabore seis afirmaciones sobre seis puntos fuertes o habilidades que usted posea y que piense que pueden elevar su autoestima (véase «Afirmaciones», de la estrategia GEE, en el cap. V), como:
«Soy una persona con recursos.»
«Soy cariñoso.»
«Soy un excelente comunicador.»
Escríbalas en una tarjeta y consérvelas en su bolso o

agenda. Repítalas al menos tres veces al día a lo largo de la próxima semana.
2. El primer día de cada una de las tres semanas siguientes, céntrese en dos de estas habilidades. Fíjese objetivos específicos relacionados con estas habilidades, como:
   – «Reforzaré mi capacidad de ayudar a los demás felicitando más a mis compañeros esta semana.»
   – «Estimularé mi creatividad buscando tiempo para inspirarme antes de tomar decisiones o elaborar informes.»
   – «Reforzaré mi valor llamando a .... y presentando una reclamación por...»
3. Recuérdese a sí mismo su resolución mediante una nota en su agenda o colgando un cartelito en un lugar visible.

PASO 5: DESPEJE EL CAMINO

A no ser que haya estado muy protegido a lo largo de su vida, su resistencia estará desgastada tanto interna como externamente. En el capítulo III analizamos cómo las heridas emocionales no curadas pueden impedir el crecimiento y el mantenimiento de una autoestima sana. Si es usted un modelo relativamente antiguo y su salud mental no ha recibido los cuidados adecuados, esta parte del proceso de puesta a punto podrá llevarle unos pocos meses de trabajo. Pero no caiga en la tentación de acelerar el proceso. Sería un inútil gasto de energía haber llegado a esta fase y cerrar de nuevo el capó, desesperado. Tenga la seguridad de que el relativamente breve lapso de tiempo que dedique ahora a desentrañar su parte sensible, le proporcionará bastante energía positiva para ir a toda velocidad por las autopistas de la vida tanto tiempo como su carrocería sea capaz de soportar la presión.

Ejercicio: curación del interior dañado

1. Para este ejercicio, convendrá utilizar una hoja grande de papel o varias hojas pequeñas pegadas. En primer lugar, divida la hoja en columnas, asignando cada una de ellas a un período de cinco años de su vida hasta ahora. Utilice posteriormente este cuadro para apuntar las heridas emocionales significativas que recuerde. Evidentemente, cuanto más tiempo haya vivido, más heridas emocionales habrá experimentado y más papel necesitará. Recuerde que, al seleccionar las heridas que vaya a anotar, deberá basarse en sus propios sentimientos y valores. Lo que constituye una herida o una decepción para una persona puede carecer de importancia para otras. Tenga también en cuenta su edad y las circunstancias de la época, pues todo ello habrá afectado al grado de daño emocional. Por último, no olvide que en el proceso de curación, el aspecto más significativo será probablemente la forma en que se haya tratado el daño sufrido.
2. Si necesita refrescar su memoria con respecto al capítulo III, interrumpa este ejercicio y léalo de nuevo. Si, en cambio, recuerda el proceso por fases que he descrito, anote junto a cada una de las heridas que ha apuntado qué fase de curación ha alcanzado en cada una.
3. Revise su análisis y señale con una estrella o un lápiz

de color las heridas que usted piense que siguen requiriendo atención, porque le impiden emocionalmente:
– Ser capaz de sentirse bien consigo mismo o con el resto del mundo.
– Tener todo el éxito que desea en su vida personal o profesional.
4. Fíjese por escrito algunos objetivos. A continuación se incluyen algunos ejemplos de medidas que podrían adoptarse para diferentes clases de heridas en distintas fases de curación:
– Hablar a mi hermana sobre mis celos
(Fase esencial 5: *perspectiva*)
– Pedir un prospecto sobre educación para adultos
(Fase esencial 4: *compensación*)
– Dejar de aparentar que no me importa perder ese trabajo
(Fase esencial 2: *expresión*)
– Preguntar a Jo si puedo pasar el fin de semana en su casa
(Fase esencial 3: *consuelo*)
– Crear un grupo de autoayuda
(Fase extraordinaria 6: *canalización*)
5. Junto a cada objetivo señale una fecha de revisión y anótela ahora mismo en su agenda.

PASO 6: REFUERCE LOS PUNTOS DÉBILES

Sin duda, tendrá usted cualidades que siempre serán inferiores a otras (quizá los genes producidos aquella tarde del viernes). Tendrá que aceptar y vivir con muchos de ellos, pero ahora que se está examinando a sí mismo, es importante asegurarse de que estos puntos débiles no son los que dirigen su vida. Podrá tener un mayor control sobre ellos si:

- Se asegura de que son todo lo fuertes que pueden ser.
- Se ocupa de que no soporten demasiado estrés ni tensión y de que estén bien apoyados en las partes más fuertes.
- Vigila continuamente su deterioro y contaminación.

Según mi experiencia, las personas con un bajo nivel de autoestima tienden a hacer justamente lo contrario. A menudo suelen permitir inconscientemente que sus puntos débiles dominen su vida mucho más de lo necesario. He aquí algunos de los errores más comunes que estoy segura reconocerá de inmediato:

Señalar innecesariamente sus puntos débiles a los demás

- «No te equivocas de persona; soy la flacucha de risa estridente y dientes de conejo.»
- «Te compadezco por tener que compartir el despacho conmigo. Soy la persona más desordenada que existe.»
- «Espero que sean capaces de aguantar despiertos hasta el final de la presentación; tengo tendencia a alargarme en las exposiciones.»
- «Sé que no debería comer esto, ya tengo suficientes granos.»

Emplear una cantidad excesiva de energía (y dinero) en librarse de un punto débil

- Probar todas las dietas o remedios nuevos que salen al mercado.
- Pasar tantas horas en el gimnasio o en el salón de belleza que le quede poco tiempo para distrutar y relajarse.
- Aferrarse tercamente a tareas y trabajos inadecuados que podría delegar en otras personas que los harían con mayor eficacia.

Espantar a los demás aburriéndolos con lamentos y sueños

- «Si fuera más alto / no fuera tan peludo / fuera más joven / tuviera mejor oído», etc.
- «Me gustaría ser como tú, tan organizado / tan creativo», etc.
- «¿Si hubiera tenido la constancia de estudiar o practicar más cuando era joven...»

Por el contrario, otro método para hacer frente a los puntos débiles que utilizan las personas con un nivel bajo de autoestima es tratar de *negar su existencia tanto a sí mismo como a los demás.* El resultado suele ser que desperdician su energía y la de los demás.

Así, por ejemplo, las personas que:

- Tienen poca facilidad para el cálculo mental e insisten en no utilizar la calculadora.
- Carecen prácticamente de sentido de la orientación pero se niegan a preguntar o a mirar el mapa.

- Pasan horas tratando de inventar una excusa para no ir a una gran fiesta o conferencia donde «saben» que no disfrutarán ni sobresaldrán.
- Arreglan cremalleras de vaqueros casi reventados en lugar de comprar otros de una talla mayor.

Por último, las personas con un nivel bajo de autoestima adoptan a veces un estilo de negación que consiste en *proyectar sus debilidades en los demás.* Esto tiene por resultado, por ejemplo:

- Machacar a los demás para que corrijan una falta que ellos mismos no han aceptado o aprendido a controlar.
- Deshacerse ayudando a los demás a resolver sus problemas sin prestar atención a la confusión de su propio departamento (o de sus vidas).

Ejercicio: refuerzo de las propias debilidades

1. Relea el apartado anterior y anote los malos hábitos que haya podido desarrollar en relación con sus debilidades.
2. Elabore una lista de sus principales puntos débiles bajo los siguientes encabezamientos:
   - Cuerpo.
   - Mente e intelecto.
   - Personalidad en general.
   - Comportamiento en relación con el cuidado y desarrollo de mí mismo.
   - Comportamiento en relación con los demás.
3. Coja tres lápices de distintos colores y señale los puntos débiles que:

a) No puede cambiar.
b) Podría cambiar, pero no merece la pena gastar energía porque puede vivir con ellos.
c) Desea cambiar y está trabajando activamente en ello (o lo estará).
d) Para cada uno de los puntos débiles de los apartados a o b escriba una frase asertiva de aceptación o bien destaque una característica compensatoria (quizá obtenida de su lista de puntos fuertes), como:

– «Acepto que soy desordenado, pero asumo la responsabilidad de las consecuencias de mi desorden.»
– «Acepto que tengo la nariz larga, pero tengo unos ojos grandes.»
– «Acepto que no soy un líder nato, pero tengo el valor de pedir ayuda y consejo cuando estoy en dificultades.»

O bien asuma los aspectos positivos (o potencialmente positivos) de su debilidad cuando está plenamente controlada, como:

– «Bajo control, la timidez me ayuda a escuchar bien y ser un observador más objetivo.»
– «Bajo control, mi tendencia a mandar puede ayudarme a convertirme en un líder carismático.»
– «Bajo control, la ambición me ayuda a motivarme.»
– «Bajo control, la agresividad me ayuda a proteger mis derechos y los de los demás.»
– «Bajo control, la tacañería me ayuda a evitar que abuse de mí la gente que quiere mi dinero.»

e) Lea esta lista en voz alta para sí mismo varias veces durante los próximos días, utilizando un tono de voz fuerte y asertivo. Para mayor refuerzo, léala en voz alta a un amigo o a un grupo de amigos comprensivos.

f) Posteriormente (cuando haya trabajado los puntos a y b ponga por escrito las medidas concretas que está llevando a cabo, o piensa llevar a cabo, para mejorar los puntos débiles anotados en c.) Por ejemplo:

- «No soy suficientemente asertivo, así que me he matriculado en un curso de formación de la asertividad que comienza en octubre.»

- «No estoy tan en forma como cuando tenía veinte años, así que subiré por las escaleras a la oficina todos los días y me apuntaré al gimnasio.»

- «Tengo una tendencia natural a la desorganización, así que he sacado de la biblioteca un libro sobre gestión del tiempo y ahorraré algo de dinero para un nuevo sistema de archivo / software/otra secretaria, etc.»

- «¿Cuando estoy excesivamente ansioso me vuelvo muy dominante, así pues pediré a mis compañeros que me avisen cuando empiece a sucederme esto y adoptaré las medidas oportunas para reducir mi estrés o controlar mi ansiedad.»

- «No soy un buen conductor, así pues dejaré que conduzcan otros o cogeré el tren.»

- «Mi mente es perezosa y nunca he empleado a fondo su capacidad, así que me matricularé en un programa de educación en otoño.»

PASO 7: SUSTITUYA LAS PIEZAS VIEJAS Y ANTICUADAS

Si bien nos estamos ocupando de la renovación, sería poco sensato no darnos la oportunidad de sustituir algunas piezas por versiones más actualizadas, especialmente si con ello estaremos en condiciones de seguir adelante con menos cantidad de problemas.

La mayoría de las personas con baja autoestima se beneficiarán de la sustitución de las siguientes partes de su personalidad.

1. *Creencias negativas generales* bien enraizadas en el subconsciente, que incluyen mensajes negativos sobre nosotros mismos, el mundo y otras personas y que, querámoslo o no, influyen en la forma que tenemos de enfrentarnos a la vida. Así, por ejemplo: «La vida es dura», «La gente siempre acaba decepcionándonos», «El matrimonio es un mal necesario», «El amor no dura», «El poder corrompe».

2. *Hábitos de comportamiento autodestructivos profundamente arraigados,* como fijarse objetivos no realistas, llegar siempre tarde, dejar que los demás hablen primero, romper relaciones tan pronto se vuelven tranquilas, jugar demasiado sobre seguro, ser sobreprotector, etc.

Con mucha frecuencia, estas partes de nosotros nos parecen inherentes a nuestra personalidad y solemos considerarlas normales o innegablemente ciertas. Esto sucede porque las adquirimos en la infancia, cuando se estaba formando nuestra personalidad, o porque fueron continuamente reforzadas en nuestro subconsciente. En la actualidad, es probable que tengamos una mezcla de hábitos y mensajes del subconsciente aprendidos no sólo de modelos tradicionales a temprana edad, como padres, profesores y formadores religiosos, sino también de otras poderosas influencias subconscientes, como los medios de comunicación y la publicidad. Dado que no recordamos haber adquirido estos aspectos de nosotros mismos (y a menudo no somos capaces de recordarnos sin ellos), en principio es difícil considerarlos como aprendizajes adicionales a nuestro propio *yo*. Sin embargo, es seguro que los aprendimos y, por lo tanto, también es seguro que podemos *desaprenderlos*.

El primer paso es identificar cuáles son estas partes y ser conscientes de ellas, a fin de poder adoptar las medidas adecuadas para su sustitución. Soy muy consciente de que es más fácil hablar de este ejercicio de desarrollo personal que llevarlo a cabo, así que manténgase vigilante frente a posibles excusas y rechazos. Anímese recordando otros cambios en su vida cuya realización hayan merecido la pena (como el cambio a un puesto mejor, la adquisición de un coche nuevo o incluso de una nueva compañía). En un principio, estos intentos seguramente le costaron varios viajes pesados y a veces desgarradores al taller de desguace o al cubo de la basura. Pero estoy segura de que también recuerda con qué rapidez desapareció el dolor de deshacerse de estas piezas inútiles una vez finalizada la transición.

Ejercicio: sustitución de nuestras partes obsoletas

1. Escriba cada una de las siguientes frases incompletas en la parte superior de una tarjeta (utilice preferiblemente fichas grandes).

a) «Aunque sé que es correcto hacer ...., sigo sintiéndome culpable cuando.........»
b) «Aunque sé que no necesito hacer ...., sigo sintiéndome obligado a ....»
c) «Me gustaría dejar de pensar ....»
d) «Me gustaría dejar de actuar como si ....»
e) «Me gustaría dejar de sentirme tan ....»
f) «Sé que es una tontería por mi parte, pero yo siempre/nunca ....»
g) «Me gustaría librarme de mis prejuicios sobre ....»

2. Lleve consigo estas tarjetas durante un par de semanas y anote en ellas sus creencias y hábitos obsoletos molestos.

3. Utilizando las estrategias de la segunda parte como referencia, anote lo siguiente:

a) *Cómo* adquirió su subconsciente el mensaje saboteador o cómo aprendió el hábito (recuerde que esta búsqueda interna no pretende atribuir culpas a nadie, sino ayudarle a reforzar su creencia de que puede cambiar).

b) *Medidas* que va a adoptar para sustituir cada parte obsoleta por la creencia, actitud o comportamiento que *usted* elija. Puede resultarle útil releer los capítulos de la segunda parte (p. ej., asertividad o gestión del estrés), antes de decidir qué medidas tomar.

Ejemplo A «Me gustaría ser capaz de reclamar por .... como lo hace Tony.»

Cómo: mensajes subconscientes que tienen su origen en: 1) Mamá (que siempre decía que no valía la pena el esfuerzo), 2) el colegio (donde los profesores siempre tenían la razón), 3) cultura de clase obrera (somos víctimas).

Acción: hablar con Tony para contar con su apoyo y practicar escribiendo y leyendo guiones asertivos (cap. V).

Ejemplo B «Si no fuera tan desordenado...»
Cómo: mala costumbre de la época de estudiante.
Acción: luchar contra el hábito (véase cap. IV).

PASO 8: COMPRUEBE LAS CONEXIONES

Ahora que ha revisado cada una de las piezas individuales y ha adquirido otras nuevas, ha llegado el momento de empezar a pensar cómo unirlo todo. En fin de cuentas, por muy sólida y fuerte que sea cada parte individual de nosotros, no podremos utilizar toda nuestra energía y potencial si el conjunto no funciona como una unidad armoniosa. He descubierto que, a menudo, las personas con baja autoestima se sienten «desconectadas» por dentro. De hecho, con frecuencia admiten que temen ser esquizofrénicas, porque se experimentan a sí mismas como varias personas totalmente distintas que trabajan de forma independiente. A veces son capaces de relacionar estas «personas» con distintos papeles que desempeñan en la vida o con estados de ánimo ocasionados por variaciones de la salud, el tiempo o incluso la posición de la luna. Estos sentimientos no son una señal de locura, sino que indican un grado de desarmonía interior que indudablemente puede minar la sensación de confianza.

Si tiene tendencia a sentirse desarticulado internamente, pruebe a realizar el siguiente ejercicio, que es una nueva versión de autoayuda que he usado durante muchos años para ayudar a la gente a reforzar su sensación de identidad.

Ejercicio: conexión de nuestro interior

Si bien en los ejercicios anteriores de este programa ha realizado algún análisis de su personalidad, éste es el momento de proceder a una inspección profunda. Dado que este ejercicio puede requerir bastante tiempo (como mínimo dos horas), sugiero que lo lea antes de planear su calendario de ejecución. Puede realizarlo en diversas fases.

1. Realice una **tormenta de ideas** sobre los distintos aspectos de usted mismo. Escriba su nombre en el centro de una hoja de papel grande y anote desordenadamente todas las palabras que se le ocurran cuando piensa en usted (como pensativo, tímido, mandón, terco, tranquilo, trabajador obsesivo, perfeccionista, disperso, soñador, lector, analista, organizador, introvertido, juerguista). No olvide que en este proceso, para aprovechar plenamente el lado creativo de su cerebro, es importante no censurar ideas aunque le parezcan tontas o contradictorias. Si se permite a sí mismo efectuar asociaciones libres, automáticamente estimulará su creatividad y estará en mejores condiciones para producir una información que la parte más lógica y analítica de su cerebro ha olvidado o no ha observado. Posteriormente tendrá oportunidad de desechar las palabras que no procedan.
Conserve el papel a mano durante un par de días,

añadiendo palabras a medida que se observa a sí mismo en acción. Tómese asimismo un tiempo, con tranquilidad, para reflexionar sobre su vida pasada, porque de esta manera recordará aspectos de sí mismo que había olvidado.

2. Tome ahora ocho fichas grandes. Mire de nuevo el papel de la tormenta de ideas y elabore una **lista** de las palabras que parecen estar relacionadas entre sí (p. ej., en una ficha podría incluir pensativo, tranquilo, lector, y en otra, terco, mandón, perfeccionista). Prescinda de las que se repiten o son absurdas. (Quizá encuentre que no necesita las ocho fichas, pero trate de no utilizar más de ocho.)

3. En la parte superior de cada ficha escriba un *mote* que describa esos aspectos concretos de sí mismo (p. ej., «El payaso», «El triunfador», «La arpía», etc.).

Junto a cada nombre, añada un símbolo que sirva de recordatorio (véase el ejemplo del dibujo).

4. Imagine que estas distintas partes de usted forman un *equipo* al que se ha encargado la realización de una tarea y que usted ha sido elegido director por su fama de ser capaz de ayudar a los grupos más dispares a interactuar juntos con eficacia.

5. Escoja una *tarea* imaginaria (o dos) que deba realizar el equipo. Podría tratarse de algo importante para su vida, pero sería más ilustrativo y útil escoger algo que no le resulte tan familiar (como montar una gran tienda de campaña, recaudar fondos para las selvas tropicales, abrir otra tienda, etc.).

6. Utilizando las fichas para ayudarse, *planifique* cómo hará que este grupo tan dispar trabaje en conjunto de la manera más eficaz posible. Recuerde que no debe permitirse la creación de camarillas cerradas; observe las asociaciones naturales y los posibles conflictos y anote cómo los utilizaría y manejaría. Piense también cómo podría ayudar a cada «persona» individual a sentirse parte del grupo utilizando las habilidades o aptitudes de cada una.

7. Utilice la visualización creativa (cap. V) para imaginarse a sí mismo dando instrucciones al grupo y observando luego cómo éste cumple competentemente su misión.

8. Imagine ahora que, dado el éxito que tuvo el proyecto, su equipo está buscando una nueva tarea para realizar en conjunto. Anote ideas sobre tareas que podrían realizar y elabore un anuncio conciso o diseñe un folleto que utilizaría para hacer publicidad de las posibilidades de su bien gestionado y diverso equipo.

Por último, no olvide que este eficiente equipo está siempre disponible, gratuitamente para usted, por lo que nunca debe volver a sentirse agobiado o impotente.

PASO 9: LIMPIE, ABRILLANTE Y REPASE
CUANTO SEA NECESARIO

Una vez que su interior esté arreglado y reforzado, ha llegado el momento de ocuparse de la carrocería. Es posible que algunos tengan ya un lustre propio de una sala de exposición y sólo necesiten quitar un poco el polvo, mientras que otros pueden sentirse tan diferentes por dentro que sólo una pintura a fondo les hará justicia. Supongo que la mayoría de los lectores sólo necesitarán retocar sus arañazos y partes oxidadas y embellecerse con un rico encerado y abrillantado.

Las personas con baja autoestima suelen creer que un criterio importante de la propia valía es la capacidad de una persona para vivir la vida sin preocuparse por su aspecto. En mi opinión, esto es un mito. Si bien comprendo plenamente el sentimiento que esconde el no desear preocuparse por la imagen y el aspecto externo, creo que es importante recordar que el atractivo de este mito suele basarse en una falta de amor incondicional o en la frustración por depender demasiado de agradar a los demás.

La realidad es que las personas (e incluso la mayoría de los animales) con una autoestima elevada se preocupan mucho por su aspecto y tratan de que sea siempre, al menos, correcto. Evidentemente, variará la cantidad de tiempo y dinero destinada a mejorar y conservar la imagen externa. En fin de cuentas, a algunos les agradará el arte de tener buen aspecto y le darán prioridad, mientras que otros adoptarán un enfoque más frío. Igualmente, unos podrán desear parecerse a un modelo de *Vogue*, mientras que otros preferirán la comodidad a la última moda. Pero las características comunes a las personas con una buena autoestima parecen ser las siguientes:

- Nunca tienen miedo, vergüenza o están demasiado ocupadas para mirarse larga y críticamente en el espejo y examinar la imagen que ven.
- Disfrutan mostrando un buen aspecto y aprecian los cumplidos auténticos y las críticas constructivas sobre su aspecto.
- Se aseguran de que la ropa, el pelo y los accesorios acentúen sus puntos fuertes, escondan sus puntos débiles, estén en armonía con su personalidad y no eclipsen su capacidad.
- Están dispuestos y son capaces de adaptar su imagen para obtener lo que desean y necesitan y son conscientes de su propio desarrollo personal.
- Pueden pedir consejo y opinión a los demás desenfadadamente, pero en última instancia son ellos quienes toman sus propias decisiones y se responsabilizan de ser juez y jurado de su imagen en su conjunto.
- Conceden gran importancia a la comodidad, así pues, una vez que se han ocupado de la ropa, el pelo y demás accesorios, se relajan, se olvidan de ello y continúan haciendo lo que tienen que hacer.
- No adoptan una imagen que otros encuentren intimidante o que desentone con el medio en el que deciden vivir.
- No gastan más dinero, tiempo o energía en su imagen externa de lo que realmente pueden permitirse.
- Están dispuestos a defender su derecho a tener buen aspecto y sentirse a gusto en caso de que personas con más poder planteen exigencias poco razonables (p. ej., órdenes innecesarias de llevar uniformes rígidos y poco favorecedores).

Ejercicio: mejora de la imagen externa

1. Lea la lista previa de características y señale aquellas que sinceramente aún no observe en sus propios sentimientos, comportamiento y aspecto.
2. Ponga por escrito lo que va a hacer con respecto a cada uno de los aspectos en que sigue teniendo dificultades. Por ejemplo:

- Empezar a disfrutar y aceptar cumplidos (diciendo «gracias» en lugar de «Bueno, a mí me gusta tu...» o «No es más que...»)
- Levantarme quince minutos antes cada día para tener tiempo de ocuparme de mi aspecto.
- Comenzar una colección de recortes de revistas que muestren la imagen que me gustaría tener.
- Concertar una cita con un asesor de imagen.
- Hacer régimen, apuntarme a un gimnasio o ambas cosas.
- Destinar la ropa demasiado ajustada/grande/inadecuada/de un color poco favorecedor, etc., a organizaciones benéficas.
- Dejar las tarjetas de crédito en casa cuando salga para evitar comprar impulsivamente.
- Establecer un presupuesto para ropa y aprender y practicar la técnica del disco rayado para ayudarme a resistir a los dependientes pesados.
- Utilizar la técnica de crear confusión para detener las críticas de los demás.
- Utilizar la técnica de pregunta negativa para obtener información sobre...

PASO 10: LUBRIQUE Y LLENE EL DEPÓSITO

Una vez que todo está en su sitio y firmemente unido, necesitaremos «lubricarnos» a fondo y llenar el depósito con combustible de buena calidad.

La mezcla de «aceite» que recomiendo para mantener las ruedas de la autoestima girando con suavidad es una combinación de los siguientes ingredientes:

1. Cuidado cariñoso y constante de uno mismo.
2. Apoyo y comprensión sólidos de los demás.
3. Diversión y sentido del humor sanos.
4. Períodos de recuperación y relajación.

El «combustible» necesario para impulsar nuestra autoestima hacia una actividad próspera es una mezcla de los siguientes ingredientes:

1. Una dieta nutritiva, de buena calidad, sin toxinas perjudiciales.
2. Oxígeno procedente del ejercicio y del aire libre.
3. Actividades creativas e intelectuales estimulantes.
4. Afirmaciones positivas.
5. Reacciones motivadoras y estimulantes de los demás.

¿Se alimenta a sí mismo con una cantidad suficiente de todos estos ingredientes? Si su autoestima es frágil, lo dudo. Es más probable que haya pasado la vida subiendo cuestas y haciendo rallies con combustible de mala calidad. Probablemente, usted está programado para pensar que los ingredientes enumerados son lujos o extravagancias egoístas que no puede permitirse o que no merece.

Cuando somos jóvenes y fuertes, podemos sobrevivir razonablemente bien con un combustible de mala calidad e incluso podemos permitirnos quedarnos con el depósito vacío de vez en cuándo. Pero cuando somos veteranos (y queremos seguir teniendo acceso al carril rápido), debemos asegurarnos de llenar siempre el depósito con combustible de primera. Si no lo hacemos, nos fundiremos prematuramente o nos agarrotaremos con una pérdida masiva de confianza. Utilice el ejercicio siguiente para ayudarse a romper algunos hábitos autodestructivos que pueden estar influyendo en la calidad del combustible con que se alimenta usted y su autoestima. Pero antes de empezar, tenga en cuenta que deberá utilizar su agenda.

Ejercicio: rellene el depósito para poder circular por el carril rápido

1. Tome su agenda y, con un rotulador de un color vivo, señale al menos un día completo (o dos medios días, en caso necesario) y escriba *inmediatamente* «Día reservado al cuidado de mí mismo». Puede hacerlo en el fin de semana, entre semana o incluso en vacaciones, pero debe hacerlo en el plazo de un mes.
2. ¿Lo ha hecho ya? ¡Bien hecho! Ahora puede pasar al paso 11 sin completar el resto de este ejercicio.

   Si no lo ha hecho (como supongo que será el caso de la mayoría), intentaremos identificar algunas de las razones por las que no lo hizo.

   Sea totalmente sincero consigo mismo y observe cualquier resistencia que haya opuesto a mi sugerencia (en otras palabras, su excusa). ¿Se dijo quizá a sí mismo algo parecido a...?:

«No puedo (o no quiero) porque
...tengo todo el tiempo ocupado.»
...no puedo defraudar a los demás.»
...no puedo permitírmelo, necesito el dinero.»
...no lo necesito.»
...este mes no es el adecuado; dentro de dos meses...»
...alguien podría verlo y pensar...»
...nadie va a decirme qué debo hacer con mi vida.»
...ya empleo demasiado tiempo en...»
...no encuentro la agenda.»
...no uso agenda.»

3. Pregúntese a sí mismo si ésta es una reacción frecuente en usted. ¿Suele darse este tipo de excusas cuando se enfrenta al reto de planear el cuidado de sí mismo? Si ha contestado afirmativamente, es posible que posea un hábito, creencia o conducta autodestructivas. Relea el capítulo IV y planee (y emprenda) la acción.

4. Con la estrategia de acabar con los hábitos autodestructivos bien fresca en su cabeza, ponga por escrito cualquier otro hábito que posea, mental o de personalidad, que necesite ser trabajado. Otorgue al menos a tres de ellos un «día de acción» y señálelos en su agenda.

Hábito	Día de acción
Acostarme tarde	Próximo lunes
Utilizar demasiado el coche	
Comer demasiadas conservas	
Fumar	1 de enero
Saltarme comidas	Mañana

Actividades de ocio o
vacaciones demasiado
estresantes
Estar demasiado cansado para divertirme

PASO 11: REVISE LOS SISTEMAS
DE SEGURIDAD

Por muy brillante y potente que se sienta ahora, sería inútil abandonar la sala de exposición sin echar un vistazo a su capacidad para afrontar los inevitables peligros que encontrará en el tráfico de la vida. En su infancia, es posible que la seguridad no haya sido una cuestión prioritaria. La preparación que haya recibido en su juventud para hacer frente a las amenazas de la vida diaria es quizá inadecuada. Pero así como los cinturones de seguridad, las bolsas de aire y las barras para los impactos laterales se han inventado para proteger al conductor moderno de los locos de la carretera y demás peligros, también en el mundo psicológico se han desarrollado estrategias y técnicas de autoprotección para ayudar a las personas vulnerables a defenderse de las tiranías y la injusticia de la vida. Las más preciadas ya las he descrito en los capítulos III a V. Ésta es la hora de la verdad. Examinaremos su comprensión de estas importantes estrategias y su capacidad para convertirlas en prácticas herramientas que utilizará para protegerse a sí mismo y a su autoestima.

Ejercicio: comprobación de las estrategias de autoprotección

1. Hojee los títulos del capitulo V y relea los apartados que necesite repasar.
2. Reescriba el siguiente texto, utilizando un lenguaje que le ayude a defenderse de sus propios pensamientos negativos cuando atraviese un terreno desigual (utilice la estrategia GEE y la reformulación para ayudarse).

> «He tenido un día horroroso; todo lo que podía salir mal me ha salido mal. No sé qué pasa. Parece que voy hacia atrás; no puedo más. En cualquier caso, no sé de qué vale todo esto. En fin de cuentas, en una carrera de ratas, sólo puede ganar una rata. Si no puedes vencerlos, únete a ellos... no, no quiero que me compadezcas... mejor no te acerques a mí, soy una desgracia andante.»

3. Piense en un encuentro desagradable que lleve un tiempo retrasando, como:
   - Una llamada a un familiar que seguramente tratará de hacerle sentirse culpable por no visitarlo a menudo.
   - Un amigo con el que no quiere volver a ir de vacaciones.
   - Un cliente enfadado y ofensivo cuya queja ha investigado y decidido que está injustificada.
   - Un compañero bienintencionado pero ineficiente que le ha defraudado a usted o a la empresa.
   - Un vecino que se pone a cortar el césped a las 8 de la mañana los domingos.
   - Un hijo adolescente quisquilloso del que sospecha que trama algo, pero no sabe qué.

4. Ahora prepárese haciendo lo siguiente:
   a) Redacte su guión de introducción (cap. V).
   b) Escriba su respuesta a cualquier posible reacción negativa o crítica (puede utilizar las estrategias del disco rayado, crear confusión o aserción negativa).
   c) Si es oportuno, elabore una frase que pueda utilizar para hacer aflorar una crítica o un sentimiento negativo que sospeche usted que está al acecho (utilice la estrategia de la pregunta negativa).
   d) Anote qué asociación utilizará para mantenerse positivo (estrategia de asociación).
   e) Anote qué hará para tranquilizarse y adoptar un espíritu positivo antes de llamar a la persona en cuestión (puede utilizar las afirmaciones y uno de los relajantes rápidos del cap. V).
   f) Anote de qué forma obtendrá apoyo para usted mismo antes y después del encuentro.
   g) Anote cómo se recompensará (tanto si tiene éxito como si se limita a intentarlo valientemente).

PASO 12: PRUEBE EL RENDIMIENTO Y EL FUNCIONAMIENTO ECOLÓGICO

Las personas revisadas, igual que los coches, necesitan un «rodaje» suave antes de ocupar los titulares debido al éxito de su superconfianza. Sólo después de probar este modelo en nuestra carretera privada estaremos en condiciones de establecer qué ajustes son necesarios. Una vez que estemos activos y sintamos y observemos las consecuencias de nuestras nuevas actitudes y comportamientos, podremos empezar a ajustarnos con exactitud.

Cuando se ha ocupado el asiento de atrás en la vida durante muchos años, es frustrante que a uno le digan que conduzca despacio o que vaya por el carril lento. Su comprensible deseo es pisar a fondo y recuperar el tiempo perdido. Pero, si lo hace, no sólo correrá el peligro de fundirse prematuramente y sufrir un accidente, sino que se perderá la alegría y satisfacción derivadas de saber que también es capaz de funcionar utilizando toda su capacidad, siendo a la vez consciente y respetuoso con el medio en que «conduce».

La ecología es un factor tan importante en el desarrollo personal como en la conducción. Así como una revisión puede aumentar la potencia de un coche, el fomento de la autoestima incrementa indudablemente la energía personal. En mi opinión, es muy importante que la energía de cualquier clase se utilice no sólo en interés de sus poseedores, sino también, en la medida de lo posible, en interés de quienes no tienen las mismas oportunidades. En mis viajes en calidad de portavoz del trabajo de desarrollo personal, suelo encontrarme con periodistas belicosos que, con razón, ponen en duda la ética de mi trabajo. La clase de preguntas que me plantean con mayor frecuencia es la siguiente:

> ¿No está creando usted una élite satisfecha de sí misma que utilizará sus técnicas y estrategias en beneficio propio sin preocuparse de los millones de personas que hay en el mundo que nunca podrán tener tanto éxito ni confianza en sí mismas?
>
> o:
>
> ¿No está usted creando otro tipo de *yonqui* cuyo único interés es obtener el siguiente *pico* de terapia y que ni siquiera advertirá el dolor y el sufrimiento de los demás ni la destrucción del planeta en que viven?

Según mi experiencia, lo que sucede cuando se eleva la autoestima de una persona es justamente lo contrario. En los últimos años he dirigido numerosos cursos avanzados de desarrollo personal y en todos he comprobado cómo se volcaban hacia el exterior las personas que seguían dichos cursos. Al alcanzar un nivel aceptable de confianza en sí mismos y una felicidad estable en sus vidas, sus pensamientos parecen orientarse espontáneamente hacia la ayuda a los demás. Seguro que alguien que siguiera estos cursos desde detrás de la puerta oiría más discusiones constructivas sobre temas comunes y mundiales que lágrimas y miedos de sufrimiento personal. Es la baja autoestima, y no la alta, la que impulsa las actitudes y los comportamientos egoístas y egocéntricos. ¿Cuántos locos del volante y cuántas personas que avanzan a duras penas por el carril lento suele ver en el escenario de un accidente o una avería? Los primeros probablemente ni se den cuenta, pues su atención está centrada en aumentar su propia valía yendo más rápido que nadie. Los segundos suelen temer demasiado el rechazo o la posibilidad de cometer un error para inmiscuirse. De hecho, si yo fuese la persona necesitada, agradecería que ninguna de estas dos clases de personas se detuviera. Si lo hicieran (quizá para impresionar), es probable que yo tuviera que gastar energía para evitar sentirme inferior (el loco del volante sin duda me habría hecho saber que eso nunca le pasa a él) o irritado (pues el lento vacilaría acerca de qué es mejor que le vean hacer). Cuando necesito ayuda, sé que prefiero recibirla de una persona suficientemente fuerte psíquicamente para dejar de lado temporalmente las necesidades de su propia autoestima.

Es comprensible que, a medida que crece nuestra autoestima, nos sintamos más inclinados a ayudar a los demás a reforzar su propia valía. En la cuarta parte veremos las formas en que puede utilizarse la energía personal reforzada para estimular la autoestima de los demás. Pero, de momento, seguiremos comprobando que nuestra propia conducta está sólidamente arraigada, para estar seguros de que funcionaremos con normalidad y podremos estar orgullosos de nosotros mismos.

El amor propio es una llave esencial para lograr la autoestima. No podemos esperar sentirnos continuamente bien con nosotros mismos si no respetamos continuamente nuestros propios valores.

El ejercicio que sigue está diseñado para ayudarle a aclarar sus propias normas de circulación diarias, a fin de que tenga criterios claramente definidos que le permitan juzgar con mayor facilidad si es usted una persona merecedora de respeto.

Ejercicio: nuestro propio «código de circulación»

1. Complete las siguientes frases, a lo largo de una semana, tantas veces como pueda (pero evite por ahora ser analítico).

   ✓ Tengo derecho a utilizar mi propia energía para (por ejemplo):
   – Pedir lo que quiero.
   – Ser feliz.
   – Proteger mi reputación.
   – Defender a las personas que amo.
   – Mejorar mi salud.

   ✓ Cuando utilice mi energía frente a los demás, debería siempre (por ejemplo):

– Pensar primero.
– Respetar a los débiles.
– Evaluar si necesito o no a la otra persona.
– Ser sincero.

✓ Debería dejar que los demás asumieran la responsabilidad de:
– Sus sentimientos.
– Su propia felicidad.
– Su ética.

✓ Deseo ser el tipo de persona que nunca utiliza su poder personal:
– Para perjudicar a los demás deliberadamente.
– Para deteriorar el medio ambiente.
– Para hacer que los demás parezcan insignificantes.
– Sin pensar en las consecuencias.

✓ Me gustaría utilizar mi poder personal para contribuir:
– A que el mundo sea un lugar más seguro.
– A que los demás defiendan sus derechos.
– A administrar la empresa con mayor eficacia.

Lea ahora sus listas con ojo crítico y anote sus observaciones. Subraye o señale las palabras que sean más significativas para usted.

En relación con la utilización de la mayor energía personal que le aportará la autoestima, elabore una lista de las seis normas de circulación más importantes para usted. Por ejemplo:

– Ser feliz.
– Pensar antes de actuar.

- Ser honesto.
- Dejar que los demás se responsabilicen de su propia moralidad.
- No perjudicar a los demás deliberadamente.
- Hacer del mundo un lugar más seguro.

¡Buen viaje!

(¡No olvide que el empleo de su autoestima también debe ser estimulante, gratificante y divertido!)

VII

MANTENIMIENTO PERIÓDICO

Según me han dicho, los coches nuevos no suelen necesitar cuidados en los primeros años. A menos que le haya tocado un modelo defectuoso o lo haya sometido a condiciones muy adversas, lo único que debe hacer en principio es mantenerlos llenos de carburante de buena calidad, limpiarlos y asegurarse de hacer un buen mantenimiento.

Un coche antiguo es otro asunto. Para mantener un ejemplar de éstos en óptimas condiciones, hay que ser capaz y estar dispuesto a prestarle atención y a cuidarlo. Estos coches nunca estarán en posesión de personas imprudentes o perezosas. Pero sus fieles adoradores no suelen conceder de mala gana el tiempo, energía y dedicación que exigen.

Precisamente ayer, el novio de mi hija, James, de 18 años, se compró (con el dinero que tanto esfuerzo le había costado ganar) un sensacional modelo deportivo blanco de 1967. Para James, el cuidado y la atención que obviamente necesita este coche forman parte del encanto. Cuando, por ejemplo, advirtió que había que ajustar los frenos, sus palabras fueron: «No me importa, *disfrutaré* haciéndolo.» Aunque seguramente no haría ascos a que le regalaran un coche último modelo, es estupendo verlo radiante de ilusión ante la perspectiva no sólo de conducirlo, sino de mantener su precioso coche antiguo.

Espero que al final de este capítulo tenga usted el mismo entusiasmo por mantener su renovada autoestima en un estado igualmente excelente.

Hablando en serio, creo firmemente que ambos proyectos de mantenimiento son comparables. Los que hemos tenido que modificar profundamente nuestra propia imagen, tendremos que vigilar siempre su progreso. Así como James pudo escoger entre tomarse positiva o negativamente lo que tenía que hacer, también hay dos formas de enfocar la tarea de mantener el cuidado de nuestra propia estima. Podemos sentirnos molestos por tener que trabajarla y sufrir envidiando justificadamente a las personas que dan por hecho su confianza en sí mismas o, por el contrario, podemos escoger disfrutar de las necesarias tareas que implica su cuidado. Así pues, aunque esta clase de trabajo de desarrollo personal no es tan estimulante como el trabajo de renovación, si lo enfocamos positivamente tendremos muchas más probabilidades de encontrarlo divertido y muchas excusas para mimarnos con él.

En este libro a menudo nos hemos centrado en los efectos destructivos de los malos hábitos; éste es el momento de prestar atención a los potenciales efectos positivos de los buenos hábitos. La clave para un buen programa de mantenimiento reside en los hábitos. En primer lugar, hay que establecer una forma fácil y rápida de comprobar periódicamente la «temperatura» de nuestra autoestima. En segundo lugar, se debe reservar un tiempo para realizar un control más específico y detallado sobre la forma en que estamos funcionando, para estar seguros de no haber recaído en los malos hábitos que pueden estar minando subrepticiamente el trabajo realizado sobre nosotros mismos.

En los dos últimos años, he desarrollado programas de ejercicios psicológicos diseñados para ser utilizados con regularidad, igual que el ejercicio físico. Muchos de ellos los he elaborado en forma de casetes, cuya facilidad de uso los ha convertido en un excelente modo de establecer hábitos positivos de mantenimiento. A menudo, las personas las oyen mientras hacen otras cosas, como conducir o hacer tareas domésticas. Esto no sólo ahorra tiempo, sino que puede transformar una rutina trivial y ya establecida en una experiencia constructiva y enriquecedora.

Así pues, ¿por qué no probar este sencillo método para ayudarse en esta parte del programa? Puede realizar una grabación casera hecha por usted mismo. Para ello, seleccione y adapte las preguntas incluidas en el ejercicio siguiente a sus necesidades y circunstancias específicas. (No olvide dejar intervalos de longitud suficiente para contestar o reflexionar, para ahorrarse la molestia de tener que detener continuamente la cinta.)

Otra forma de ayudarse a sí mismo a desarrollar un buen hábito de mantenimiento es elaborar una lista de las principales preguntas y hacer suficientes fotocopias para que le duren unos meses. Periódicamente puede colocar estas listas en su agenda.

Por último, si es un entusiasta de la informática, puede introducir el cuestionario y las notas en el ordenador (o incluso, los más brillantes, pueden instalar un programa *ad hoc*). Pero volvamos a pisar tierra, porque todo lo que se necesita de momento es un simple lápiz y unas cuantas hojas de papel. Antes de idear su propio método, pruebe la lista que presento a continuación. La he diseñado para utilizarla una vez por semana. Puede seguir usándola, si le resulta útil la metáfora del coche, o tomarla como base para crear su propia lista.

Ejercicio: mantenimiento de la autoestima

1. Trabaje con la lista que figura a continuación y calcule la puntuación final. (Observe que he incluido referencias a los apartados y capítulos pertinentes de este libro, por si necesita revisar algunos puntos a medida que avanza.)
2. Anote las medidas que tomará la próxima semana para mantener un nivel de autoestima aceptable.
3. Revise la lista de repaso cuando así lo requiera para satisfacer sus necesidades específicas.

No olvide que ha de poder realizarse fácil y rápidamente. Tampoco olvide fijar un momento determinado para llevarla a cabo.

LISTA DE REPASO PARA EL MANTENIMIENTO DE LA AUTOESTIMA

Para evaluar el estado actual de su autoestima y cómo la ha cuidado cada día de la semana previa, puede utilizar las casillas que figuran junto a los encabezamientos, de alguna de las siguientes maneras:

1. Haga una señal o una cruz (¿quién no tiene tiempo para esto?)

2. Puntúese a sí mismo del 1 al 10 en cada casilla. Cuando sume estas cifras, obtendrá un porcentaje que podrá representar en un gráfico. De esta forma dispondrá de rápida referencia, que le será muy útil más adelante, cuando haga la revisión principal de su autoestima.

La primera vez que utilice la lista sería recomendable que, antes de puntuarse, leyera las aclaraciones que figuran a continuación de cada pregunta.

❏ 1. ¿Leo bien el indicador?

Señale en el indicador de la ilustración la situación de su autoestima en el día de la fecha. Teniendo en cuenta la fase del programa de reconstrucción de su autoestima en que se encuentra, así como las circunstancias actuales de su vida, evalúe si su lectura del indicador es suficientemente buena. También puede puntuarse por los acontecimientos o las actividades de la semana que tengan relación con sus puntos más altos y más bajos.

❏ 2. ¿Ha sido mi gráfico de temperatura suficientemente estable?

Dibuje una línea de registro en el gráfico que figura a continuación, según se haya sentido a diario. Basta con una estimación aproximada. Si ha sido inestable, anote los principales factores a los que atribuye los puntos máximos y mínimos.

❑ 3. ¿Tengo el parabrisas suficientemente despejado?

¿Sigue viendo su *yo* ideal ante usted? ¿Cuán claros e intensos son ahora sus objetivos a largo plazo? Por ejemplo, ¿se ha motivado a sí mismo visualizando su éxito futuro, hablando libremente con amigos que lo apoyen en los resultados positivos que espera y haciendo cosas que lo mantienen emocionalmente en contacto con su objetivo?

❑ 4. ¿Estoy conduciendo con sensatez?

¿Ha logrado evitar objetivos irrealistas que podrían ser causantes de su fracaso? ¿Sigue fiel a sus planes de acción por fases? ¿Ha logrado lo que se propuso para esta semana?

¿Se ha planificado y organizado bien? Por ejemplo, ¿ha utilizado toda su energía? ¿Ha logrado cumplir sus programas y obtener un buen equilibrio entre un desafío estimulante y un refuerzo pacífico? ¿Ha sido capaz de controlar sus tendencias autosaboteadoras o ha vuelto a caer en los antiguos malos hábitos? ¿Ha utilizado toda su capacidad? (cap. IV).

❑ 5. ¿He logrado mantener la velocidad adecuada?

¿Ha utilizado sus velocidades de comportamiento asertivo, pasivo y agresivo adecuadamente y optimizado la utilización de su energía? ¿Se ha defendido a sí mismo o a otros cuando ha sido necesario? ¿Ha optado por conservar su energía o proteger sus intereses sentándose en el asiento trasero de vez en cuando?

❑ 6. ¿He estado cotinuamente encendido?

¿Ha sido capaz de mantener un estado de ánimo positivo la mayor parte del tiempo? ¿Ha utilizado sus afirmaciones y otras estrategias para espantar los malos pensamientos que se le hayan ocurrido?

❑ 7. ¿Siguen siendo sólidas mis conexiones?

¿Ha logrado mantener una buena relación entre su corazón y su cabeza? ¿Ha sido capaz de mantener el control emocional cuando lo ha deseado? ¿Ha sido suficientemente consciente de sus sentimientos y capaz de utilizar las señales de advertencia de su cuerpo para controlar los miedos, temores o cólera que haya podido sentir?

❑ 8. ¿Sigue brillando mi carrocería?

¿Ha mantenido un aspecto de tener una autoestima elevada? ¿Es evidente para los que lo contemplan que es usted una persona con amor propio y que cuida bien su cuerpo? ¿Sigue mostrando una imagen segura y positiva de sí mismo al mundo? ¿Reflejan su casa y su lugar de trabajo una impresión digna de usted?

❑ 9. ¿He acudido al taller y al servicio de mantenimiento cuando lo he necesitado?

¿Se ha suministrado a sí mismo buen combustible de alimento y sueño? ¿Cuenta con apoyo suficiente? ¿Han sido sus amigos y compañeros capaces de hacer frente adecuadamente a sus necesidades? ¿Se ha dado a sí mismo suficiente descanso y recuperación?

❑ 10. ¿He respetado mi propio código de circulación?

¿Ha vivido de acuerdo con sus principios? ¿Ha pensado suficientemente (y no demasiado) en los sentimientos y las necesidades de las personas que lo rodean esta semana? ¿Ha sido considerado con el medio que lo rodea y con el resto del mundo?

LA GRAN REVISIÓN

Por muy cuidadosos que seamos al conducir y por diligentes que seamos al efectuar las comprobaciones semanales, sabemos que pecaríamos de imprudentes e irresponsables si no hiciéramos una gran revisión anual. Asimismo, bajo un aspecto brillante puede producirse toda clase de deterioros, incluso en los que alcanzan el mayor éxito, si no se lleva a cabo una introspección concienzuda al menos una vez al año.

La gente suele decir que aprovecha sus vacaciones anuales para hacer esta reflexión personal profunda. Si tiene usted la costumbre de hacerla con éxito durante las vacaciones, es posible que no necesite leer este apartado. Pero si se parece a mí y trata de reservar estos preciosos momentos para esparcirse, escapar y divertirse como se merece, quizá le interese esta guía de mantenimiento que se encaja fácilmente en un tranquilo fin de semana. Las personas ordenadas que realizan sus ejercicios de revisión semanales pueden ser capaces de hacerlo en una tarde.

Una vez más, acudiré a la licencia literaria para utilizar mi metáfora. Soy muy consciente de que las revisiones, incluso de los coches antiguos más preciosos, no suelen empezar con una revisión de sus logros. Sin embargo, el hecho de que los coches no puedan permitirse este lujo, no quiere decir que nuestra autoestima deba prescindir de él.

Ejercicio: introspección anual

1. Revise cada una de las secciones de la lista que figura a continuación, haciéndose a sí mismo las preguntas pertinentes y anotando cualquier medida concreta que desee llevar a cabo para aumentar o estimular su autoestima en el próximo año.

2. Escoja un máximo de seis resoluciones para realizar el próximo año (no más; de otra forma tendría más probabilidades de fracasar). Para escogerlas, puede orientarse en distintas cuestiones que surjan mientras revisa la lista (por ejemplo, presión del tiempo, aburrimiento, familia, amigos, etc.) Haga dos copias de esta lista; coloque una en su expediente de desarrollo personal con el fin de utilizarla para evaluar su progreso en la siguiente revisión, y cuelgue la otra en su tablón de anuncios.

LISTA DE REPASO PARA LA
REVISIÓN ANUAL DE LA AUTOESTIMA

❑ Repaso de los logros

Elabore una lista de las experiencias que han estimulado su autoestima este año. Unas serán éxitos concretos fáciles de identificar, pero otras podrán ser más generales y estar relacionadas con momentos en que ha sido especialmente respetuoso con sus principios y con sus necesidades de salud y felicidad. Puede que le resulte útil referirse a su código de circulación y a la lista de objetivos que se fijó el año pasado. ¿Ha incluido premios para cada uno de estos logros? Si no lo ha hecho, no olvide incluirlos en su plan de acción.

Logros personales

Por ejemplo:

- Prometerse, casarse o divorciarse felizmente.
- Tener un hijo.
- Lograr .... en tenis/críquet/golf, etc.
- Reunir .... para obras benéficas.
- Ser elegido presidente del partido/organización...
  local.
- Hacerme comprender en Grecia.
- Trabajar voluntariamente en...
- Brindar mi apoyo a la campaña para...
- Lograr más equilibrio en mi vida.
- Estar sano.

Medida para el futuro ....

Logros en el trabajo

Por ejemplo:

- Lograr mi objetivo en diez meses en lugar de doce.
- Que me pidan que presente un informe para...
- Mi primer viaje al extranjero para la empresa.
- Resolver el conflicto sobre...
- Resultar seleccionado para...
- Aprobar... exámenes.
- La carta de recomendación que me dio...
- Ser mucho más directo y sincero.
- Ser más arriesgado en las negociaciones.

Medida para el futuro...

❑ Desgaste general

Elabore una lista de los principales golpes y abolla-duras que ha sufrido su autoestima. Éstos pueden proce-der de diversas fuentes: usted mismo, otras personas concretas, un acontecimiento o los medios de comuni-cación. No olvide cuidar las heridas emocionales no curadas o los asuntos pendientes, como relaciones difí-ciles que requieren una solución o reclamaciones asertivas que deban hacerse.

Trabajo/carrera
- No ser promocionado.
- Pocas ventas en el verano.
- Bromas racistas o sexistas que me ha hecho...
- No tener a tiempo el informe anual.

Personal
- Robo de mi cartera.

- Aparición de mi primera cana.
- Accidente de coche.
- Olvido de mi cumpleaños/nuestro aniversario.
- Continuas humillaciones de...
- Reportajes de la prensa sobre familias mono-parentales (culpa).
- Reportajes sobre ayuda a África (impotencia).

Medida...

❑ Fallos del motor

Elabore una lista de las áreas de su vida y las relaciones en las que aún presente carencias en su capacidad personal, por ejemplo:

- Reuniones.
- Malentendidos y enfrentamientos con amigos.
- Relaciones sexuales.
- Conversaciones telefónicas con mi madre.
- Dependientas de tiendas.

Medida...

❑ Sistema de refrigeración

¿Ha conservado la calma en momentos de tensión el año pasado? ¿Ha controlado sus niveles de estrés y utilizado las técnicas de relajación? Observe de qué manera puede estar saboteando sus intentos de aportar tranquilidad y paz a su vida:

- No siendo suficientemente organizado.
- Llevando trabajo a casa los fines de semana.
- No pasando suficiente tiempo con...
- No teniendo un espacio privado en casa.
- Teniendo la puerta del despacho abierta todo el tiempo.

– Teléfono que suena demasiado.

Medida..

❑ Nivel de la batería

¿Cómo están sus niveles de energía? ¿Han sido tan buenos como cabía esperar el año pasado? En caso negativo, observe qué ha podido reducir sus reservas, por ejemplo:

– Tratar de hacer demasiadas cosas.
– Tratar de contentar a demasiadas personas.
– No dormir lo suficiente.
– Beber demasiado.
– No ir al gimnasio con la frecuencia necesaria.

Medida..

❑ Consumo de combustible

¿Cómo funciona su cuerpo? ¿Trabaja con la eficiencia que usted necesita? ¿Se ha ocupado de sus necesidades tanto como le ha sido posible? Anote algunas de las formas en que lo haya abandonado o haya abusado de él (puede que lo siga haciendo). Por ejemplo:

– Retrasar la visita al dentista.
– Esperar que el dolor de espalda se alivie espontáneamente.
– Tomar pastillas para la indigestión o el dolor de cabeza, en lugar de buscar la causa de estas molestias.
– Soportar molestias y dolores raros que habría que examinar.
– No tomar suplementos vitamínicos.

Medida..

❑ Conducción

¿Ha estado suficientemente centrado el año pasado? ¿Siente que sigue avanzando en la dirección correcta? ¿Necesita reorientarse en algún aspecto? ¿Ha adoptado malos hábitos de conducción, como los siguientes?
- Dejarse llevar demasiado por alguien.
- No salir del camino seguro.
- Racionalizar cualquier cambio de planes.
- Ser reticente a cambiar de dirección por lo que puedan pensar los demás.

Medida...

❑ Emisión de gases de escape

¿Ha soltado presión cuando ha sido necesario? ¿Se ha permitido llorar cuando lo ha necesitado? ¿Ha limpiado los escombros de su vida a lo largo del año, como los siguientes?
- Un programa de trabajo atestado de tareas administrativas.
- Perder demasiado tiempo en atascos.
- Haber dejado de jugar al *squash*.
- No derramar una lágrima ni siquiera cuando murió...

Medida...

❑ Carrocería

Mírese larga y detenidamente en el espejo y examine lo que ve. ¿Hay algún aspecto de su imagen que necesite cuidados? ¿Y los demás aspectos? ¿Sigue dando al mundo la impresión de que es alguien digno de alta

consideración? Observe algunos aspectos de su imagen que desearía mejorar, como:
- Mi pelo necesita un nuevo corte.
- Estoy más grueso que el año pasado.
- Mi cartera está muy vieja.
- La casa necesita una mano de pintura.
- El logotipo de la empresa está quedando anticuado.

Medida...

❑ Compañeros de viaje

¿Cómo están sus relaciones en casa y en el trabajo? ¿Se rodea de personas que le ayudan a sentirse mejor? ¿Comparte los principios de la empresa para la que trabaja? ¿Han sido sus amigos todo lo comprensivos/estimulantes/divertidos que usted deseaba? ¿Ha hecho nuevos amigos? ¿Se lamenta para sus adentros acerca de algún aspecto de sus relaciones? ¿Ha ocurrido algo el año pasado que indique que una relación determinada puede estar perjudicando su autoestima? Por ejemplo:
- Discusiones con... que nunca se resuelven.
- Parece que... me evita.
- No nos consultaron sobre el nuevo proyecto de primas (otra vez).
- Parece que ya nadie quiere comer conmigo.
- Los niños no parecen querer comer con nosotros.

Medida...

❑ Condiciones del viaje

¿Han sido las condiciones del viaje favorables para su autoestima este año? ¿O parecía más bien una penosa batalla todo el tiempo? ¿Cuáles han sido los principales obstáculos en el camino de su desarrollo personal, éxito y felicidad? Por ejemplo:

- Amenaza de despido que me ha rondado los tres últimos meses.
- Los niños parecen estar en una edad difícil y no logro comunicarme con ellos.
- La recesión ha afectado a mi productividad.
- La competencia se ha cuadruplicado en los últimos seis meses.
- Todas las personas nuevas que conozco están casadas.
- Tenemos carencia de personal.
- Hemos tenido dificultades para liquidar la deuda este año.

Medida...

Recuerde: ¡No olvide llevar a cabo sus resoluciones!

VIII
ESTRATEGIA DE EMERGENCIA

Al buscar un coche de segunda mano, mis amigos bien informados me advierten con énfasis que no acepte un modelo si sospecho que ha sufrido un accidente. Por ello, repaso minuciosamente el historial de las revisiones del coche y miro con suspicacia cualquier raya o golpe revelador. Mi escepticismo aumenta si me dicen que el coche lleva un tiempo sin circular. No me creo que el dueño haya estado enfermo o destinado en Mongolia durante seis meses. Pierdo el interés y, si encuentro otro ejemplar sospechoso, comienzo a asustarme. Empiezo a pensar que la única solución es hipotecarme en la compra de un coche nuevo que ni quiero ni necesito.

Tengo que admitir que el problema se agrava cuando el dueño admite que el coche ha sufrido un accidente y me asegura que ha sido reparado por expertos y que está en perfectas condiciones. Me quedo confusa; admiro la honradez del dueño, pero de todas formas no deseo comprar el coche. Seguro que los lectores mecánicos respirarán aliviados según doy la espalda, sintiéndome culpable, a estos honrados vendedores. Al fin y al cabo, ya se habrán dado cuenta de que no soy capaz de distinguir la reparación más hábil de una chapuza hecha por un timador. Pero me consuela saber que seguramente llevo ventaja a la mayoría en lo que se refiere a la selección de personas. Mi campo es más amplio porque no tengo que limitar mis opciones a los «historiales de revisión» o a los currículum vitae perfectos. Si sospecho que la autoestima de una persona ha sido objeto de un «parche chapucero», le doy una oportunidad, sencillamente porque me hago una idea de como funcionaría una vez que estuviera recuperada y qué tipo de reparación emocional necesita. Soy consciente de que la mayoría de las personas no pueden permitirse ser tan magnánimas cuando buscan a la persona adecuada; entiendo su temor porque sé que sin la sabiduría que he obtenido al recuperarme de mis propios «accidentes» graves y sin mi posterior formación profesional, tendría el mismo interés en encontrar a una persona con un historial limpio de salud emocional, tanto si buscara a una profesora para mis hijos, un médico para operarme, una niñera para mi bebé o incluso alguien para compartir mi cama.

Pero al igual que me pierdo el placer de conducir las maravillosas ocasiones que existen en el mercado de coches antiguos, también los demás salen perdiendo si evitan a la gente que se ha recuperado de crisis emocionales. De hecho, creo que se pierden mucho más que yo, pues si bien no estoy segura de que un coche pueda ser más fuerte después de un golpe, estoy convencida de que las personas sí pueden serlo.

¿Reside, pues, la respuesta en seguir adelante y provocar una crisis de autoestima con la esperanza de que desemboque en una mayor fortaleza psicológica? Desde luego que no. Sería tan descabellado como estrellar un coche inestable contra una pared de ladrillo, a modo de experimento. Y aunque la mayoría de la gente considera que es una tontería dar una patada a un coche que no arranca, a muchos les darán ganas de hacerlo (la famosa escena de la película *Fawlty Towers* en que Basil Fawlty arranca una rama de un árbol para «dar una lección» a su coche estropeado es tan divertida en parte porque todos nos identificamos con sus sentimientos). Seguimos viviendo en una época en que aún hay demasiadas personas que piensan que el espolear la autoconfianza de las personas sirve para endurecerlas. Como yo crecí en una estoica Gran Bretaña, con las consecuencias de dos guerras, donde la filosofía de «perdonar los palos echa a perder a los niños» estaba en pleno auge, he visto muchas muestras de los efectos mutiladores de estas aberraciones. A veces me parece que este país avanza a duras penas con seres atrincherados en caparazones acorazados que encierran una cantidad estremecedora de odio hacia sí mismos en su interior. No cabe duda de que la costumbre nacional de azotar y humillar a aspirantes a héroes produce personas que superan resueltamente los pequeños baches de la vida. Pero, ¿qué pasa cuando se ven frente a un problema del calibre de un camión de diez toneladas, como puede ser un despido o un fracaso matrimonial? La triste realidad es que suelen caer en una profunda depresión y se convencen de que no valen más que para chatarra. Desgraciadamente, muchos no llegan a superar su desesperación, sencillamente porque no saben que es posible. Así pues, por muy héroes que hubieran sido anteriormente, cuando llega la gran crisis es posible que ni siquiera traten de ser reparados. No es de extrañar que los británicos seamos tan suspicaces e intolerantes con cualquier persona que insinúe levemente una baja autoestima.

No es la experiencia en sí de sufrir una crisis en la autoestima lo que proporciona a los supervivientes mayor fuerza, sino la experiencia de recorrer el camino de un proceso de recuperación de calidad.

Al igual que para la curación de otras heridas emocionales, cuando sufrimos una crisis de autoestima no basta con permanecer pasivos, sino que hay que adoptar medidas constructivas para estar seguros de que estamos recibiendo una reparación emocional de primera calidad, que reforzará nuestras bases psicológicas y no se limitará a retocar nuestro exterior.

Espero sinceramente que nunca necesiten utilizar la estrategia siguiente, pero sé que lo más probable es que la mayoría de nosotros lo necesitemos. Por mucho cuidado que tengamos con nuestra autoestima, siempre existirá el peligro de pasar por experiencias humillantes que la dejen profundamente mellada.

Ejercicio: concepción de mi propia estrategia de emergencia

A medida que lea la estrategia siguiente, se le plantearán preguntas que usted mismo deberá responder. Estarán señaladas con una casilla que podrá marcar con una señal o una cruz.

Paso 1: saque su expediente de urgencia

Este expediente tan importante ya estará situado en un lugar a mano, por ejemplo, una sección de su agenda o un archivo en su ordenador. En él figurarán los números de teléfono de personas cuya ayuda necesitará para recuperar su autoestima.

Suele decirse que a los amigos de verdad se los conoce en los apuros. Esto es especialmente cierto cuando el apuro está relacionado con la autoestima. A menos que haya pensado detenidamente qué clase de amigo necesita cuando se halle en una situación difícil, podrá encontrarse rodeado de personas que cabalgan altivamente en caballos altos y que le dirán que *ellos* no se habrían hundido en ese abismo.

Servicio de grúa

Un amigo competente que le ayude de forma práctica sin hacer preguntas ni plantear exigencias emocionales. La ayuda que necesite para que lo *empuje* una temporada dependerá obviamente del problema que tenga. Por ejemplo, podría necesitar:

- Que le cuiden al bebé.
- Que le ayuden a hacer tareas administrativas.
- Que lo reemplacen en una reunión.
- Alguien que telefonee a los clientes difíciles.
- Que lo lleven a algún sitio.
- Ayuda con la compra.

Ambulancia

Un amigo capaz y dispuesto a cuidarlo con cariño. Esta clase de ayuda dependerá también de la magnitud del problema y de sus preferencias, pero podría tratarse de:

- Largas conversaciones tomando té o café.
- Una cama y una buena alimentación por unos días.
- Un masaje en la espalda.
- Un fuerte abrazo.

Policía

Otro amigo competente, suficientemente fuerte para estar a su lado y protegerlo tanto tiempo como lo necesite. Cuando nuestra autoestima está en crisis, es sorprendente lo incapaces que somos de defendernos a nosotros mismos. Todo lo que hemos aprendido sobre la autoprotección parece esfumarse de nuestra mente. Este amigo estará cerca hasta que usted sea capaz de valerse por sí mismo. Por ejemplo, usted podrá necesitar que su amigo:

- Hable con vecinos o compañeros curiosos.
- Hable con su jefe en su nombre.
- Haga de enlace con su sindicato.
- Lo proteja de la prensa.

Abogado

Un amigo sensato que le ayude a meditar sobre cualquier medida que vaya a tomar y que le recuerde sus derechos. Cuando nuestra autoestima está baja, solemos pensar que no merece la pena defender nuestros derechos. También existe la posibilidad de que nos sintamos tan impotentes que nos dediquemos a hacer desplantes y hagamos cosas que podamos lamentar más tarde. Este amigo podría ayudarle a:

- Establecer sus derechos legales y morales.
- Escribir un guión asertivo (cap. V).
- Preparar respuestas destinadas a crear confusión frente a críticas destructivas (cap. V).
- Hacer las veces de abogado del diablo.
- Preparar su caso antes de acudir a un abogado de verdad.

Agente de seguros

Un amigo que pueda rascarse el bolsillo, y esté dispuesto a hacerlo, para ayudarle en caso de que usted necesite dinero con urgencia. Debe ser alguien con quien pueda establecer un acuerdo serio y que le proporcione el dinero, o cualquier otro recurso, sin mellar más su autoestima. Es posible reconocer la capacidad de una persona para hacer esto por el tono de su voz, que tiende a ser neutro, enérgico y serio cuando se toca este tema. En el momento de recibirlo, no ha de considerarlo como una limosna que necesita y por la que ha de estar agradecido, sino que debe sentir que la otra persona se limita a hacer lo que debe hacer. La ayuda que quizá necesite temporalmente puede ser:

- Dinero para vacaciones.
- Un cheque para un curso de asesoría o terapia.
- El préstamo de una oficina y su contenido.
- Compartir una niñera.
- Que le presten un coche.

Elabore la lista de contactos para su expediente de urgencia

Pero antes, para no verse decepcionado, tenga en cuenta lo siguiente:

1. Algunos amigos podrán hacer varias cosas, pero ni un santo podrá hacerlas todas.
2. Es buena idea prescindir de conceptos como ser fiel a los mejores amigos o no herir los sentimientos de una persona. Usted necesita y merece la persona más competente para cada tarea.
3. La selección no debería basarse en criterios como «esta persona me debe un favor» (la persona en cuestión puede no reconocerlo en el momento en que usted necesite ayuda) o «seguro que lo hace bien, se dedica a eso» (puede que a la persona en cuestión no le apetezca trabajar en su tiempo libre).
4. Es buena idea consultar a sus amigos para ver si quieren y pueden figurar en su lista y desempeñar la función para la que los necesite.

Números de contacto de urgencia para mi servicio de recuperación personal

1. Servicio de grúa ....
2. Ambulancia ....
3. Policía ....
4. Abogado ....
5. Agente de seguros ....

Paso 2: llame, escriba o grite pidiendo ayuda

Aunque parezca sencillo, para las personas con baja autoestima puede ser la parte de la crisis más difícil de soportar. Incluso si tenemos un estupendo expediente de urgencia, cuando estamos inmersos en el agujero negro del odio por nosotros mismos, podemos estar plenamente convencidos de que no merecemos ayuda o de que nadie querrá ayudarnos o de que nos vendrá bien arreglárnoslas solos.

Si le asaltan este tipo de pensamientos irracionales, destrúyalos con afirmaciones adecuadas.

❏ Elabore tres afirmaciones completando estas frases:

«Merezco ayuda porque...»
«Tengo derecho a que me ayuden porque...»
«Hay personas interesadas en ayudarme porque...»

Paso 3: retírese de la circulación por una temporada

Lo ideal sería pasar una temporada en un balneario, pero pocas personas pueden permitírselo. De todas formas, hay muchas maneras más baratas de proporcionarse una recuperación adecuada. La baja autoestima realiza estragos en nuestro organismo, por lo que es importante asegurarse de proporcionarle cuidados físicos extraordinarios. También necesitará tranquilizar la mente, que seguramente estará inquieta y llena de pensamientos obsesivos. Puede ser de ayuda pasar un período en un lugar tranquilo o, al menos, un lugar donde pueda meditar (cap. V).

Anote de qué forma podría procurarse de forma inmediata tiempo libre y cuidados extraordinarios, en caso de que sufriese una crisis en su autoestima.

Paso 4: dése a sí mismo una dosis de pensamiento positivo y experiencias positivas

Como mencioné anteriormente, cuando la autoestima está baja, es muy fácil despreciarse no sólo a uno mismo, sino a todo el mundo. Después de una crisis, no es buena idea confiar en las señales de alerta habituales de que está volviendo a una rutina negativa. Limítese a asumirlo y adopte las medidas oportunas.

Si no se le ocurre nada, puede releer el apartado sobre el pensamiento positivo (cap. V), pero es posible que también necesite una lectura adicional del pensamiento positivo que le ayude a superar esta fase.

Elabore una lista de actividades que pueda emprender fácilmente para contribuir a recuperar un estado de ánimo positivo.

Paso 5: realice su reparación emocional cuanto antes

Si trabaja metódicamente las fases de curación emocional de este libro, llevará a cabo un trabajo personal eficaz, pero si no se siente capaz de ello no dude en buscar ayuda profesional de un asesor o terapeuta. Le conviene recoger información sobre los servicios disponibles en su zona a fin de que no tenga que buscarla con urgencia cuando se encuentre desesperado. El mejor consejo que puedo ofrecer para encontrar una per-

sona u organismo de ayuda adecuados es pedir reco-
mendaciones a clientes satisfechos. El mejor consejo
procederá probablemente de personas con valores semejantes a los suyos. Desgraciadamente, los honorarios
y la cantidad de títulos que figuran a continuación de
un nombre no siempre son orientaciones válidas en
cuanto a si esta persona será útil o no, en particular
cuando se trata de ayudar a una persona que atraviesa
este tipo de crisis.

Si no dispone de mucho dinero, siempre hay formas
de obtener asesoría gratuitamente. Su médico o biblio-
tecario podrán darle números de contacto locales
y también existen asociaciones profesionales que podrán proporcionarle una lista de profesionales cualifi-
cados.

**Anote los nombres y números de profesionales a los
que pueda acudir en caso de necesidad.**

Paso 6: revise el mapa y su itinerario

Siempre es difícil salir de una crisis, pero cuando una
persona se ha convertido en un veterano superviviente
como yo, también sabe que las catástrofes pueden ofrecer fantásticas oportunidades de cambio y crecimiento.
Cuando pienso en la mayoría de las crisis que me han
hundido en negras zanjas, pienso: «¡Gracias a Dios!
Si no llega a ser por esa experiencia, todavía seguiría
por aquel mal camino!»

Aproveche la fluidez de la situación de crisis y revise
su itinerario. Es posible que haya llegado el momento
de cambiar de trabajo, de relación sentimental, de dirección o destino, de estilo de conducción, o de cualquier otra cosa.

Elabore una lista de los ejercicios, libros, casetes u otros medios preferidos para la planificación de su vida y su desarrollo personal, que pueda tener a mano mientras trabaja ultimando su reparación.

Paso 7: hágase socio de un club de coches antiguos

Si ha trabajado de forma eficaz y ha completado su curación emocional, ya está en condiciones de conducir solo con confianza, pero aún con precaución. No obstante, le aseguro que se divertirá más y reducirá sus probabilidades de tener un accidente si cuenta con el apoyo de otros supervivientes.

Alcanzar las cotas de desesperación que representa una crisis de autoestima y trabajar esta clase de estrategia de supervivencia es una experiencia muy especial. Y si bien, como ya saben, no soy partidaria de elites de personalidad desarrollada, sé que hay mucho que ganar en reunirse periódicamente con personas que comprendan. Esto reviste especial importancia en los primeros momentos de vuelta a la circulación. Pertenecer a un grupo de autoayuda puede, por ejemplo, ayudarle a liberar sus sentimientos, a compartir consejos y obtener más números de teléfono para su expediente de urgencia; pero, lo más importante, es que juntos pueden celebrar sus éxitos como es debido. ¿Qué tal un rally internacional con trofeos de oro para las historias de éxito con la autoestima?

Piense quién acudiría a su rally y quién le daría a usted su premio.

¡Adelante a toda máquina!

CUARTA PARTE

UTILICE SU ENERGÍA PARA FORTALECER A LOS DEMÁS

IX

GENERE AUTOESTIMA
EN LOS DEMÁS

> Ayudar a crecer a otras personas puede convertirse
> en la mayor alegría de la vida.
>
> ALAN LOY MCGINNIS

Supongamos que ha trabajado con éxito su programa de refuerzo de la autoestima y se siente estupendamente e ilusionado ante la vida que tiene por delante. Según mi teoría, estará deseando leer el contenido de este capítulo. Se verá naturalmente impulsado a ayudar a otros a sentirse mejor consigo mismos, no porque piense que debe hacerlo, sino porque querrá hacerlo. De hecho, según mi experiencia no es en absoluto raro que muchas personas en esta etapa de su desarrollo personal se interesen por cursos de psicoterapia y asesoramiento.

Estoy convencida de que el atractivo de mi actividad se basa en un genuino interés por los demás, dado que gran parte de mi trabajo se desarrolla en grupos y puedo contrastar activamente este hecho. Pero admito que este interés no es completamente altruista. La gente suele admitir abiertamente que parte del atractivo de este trabajo reside en su aspecto satisfactorio y gratificante. No voy a discutir esta observación, porque puedo decir sinceramente que entre las experiencias más intensas de mi vida figuran la emoción que siento al conocer la felicidad y el éxito de mis pacientes.

¿Es la única opción válida convertirse en un profesional de la ayuda? Claro que no. De hecho, aunque creo que el camino profesional puede ser el más adecuado para unos pocos, pienso que son nuestras relaciones y actividades cotidianas las que pueden tener mayor impacto en el crecimiento de la autoestima de otras personas. Creo que si todos aprovecháramos mejor estas oportunidades, la necesidad de personal especializado sería mucho menor. Sin duda, la lucha por encontrar otra manera de ganarme el pan sería un precio muy pequeño que pagar a cambio del placer y la satisfacción que obtendría viviendo en una sociedad donde sistemáticamente se aumentara la valía de las personas.

Por lo tanto, he escrito este capítulo persiguiendo caritativamente mi propio desempleo. Espero proporcionarles algunas ideas sobre cómo puede usarse y desarrollarse la propia energía para aumentar la autoestima, no sólo de sus seres más queridos y cercanos, sino también del carnicero, del panadero y del cartero.

En primer lugar, revisaremos algunas de las características que comparten normalmente los creadores de autoestima y cómo se traducen en el comportamiento normal, en tres funciones habituales: el directivo, el padre y el ciudadano. A continuación, presentaré un breve programa de desarrollo personal por fases, destinado a reforzar sus propias habilidades para la creación de autoestima.

¿QUÉ TIPO DE PERSONA GENERA AUTOESTIMA EN LOS DEMÁS?

Seguramente ha conocido, igual que yo, a una serie de personas que parecen rezumar vibraciones creadoras de autoestima por todos los poros. En cuanto entran en una habitación, sentimos cómo crece nuestra autoestima. De la misma manera, hay personas ante cuya sola presencia parecemos sentirnos destinados a ser siempre insignificantes. A continuación resumo las características que he observado a menudo cuando una persona del primer grupo se relaciona con otras en la vida privada o pública.

Perfil de una persona que genera autoestima

Por lo general, las personas que ayudan continuamente a los demás a sentirse bien consigo mismos:

- Están orgullosos de su propio nivel de autoestima
  - pero no se consideran seres perfectos que han llegado al final de su propio desarrollo.
- Son felices, tienen éxito y son optimistas ante el futuro
  - pero no han olvidado el dolor pasado y lo utilizan abiertamente para acercarse (no juzgar) al sufrimiento y la depresión de los demás.
- Son abiertos y, por supuesto, están interesados genuinamente en escuchar ideas nuevas y comprender a personas nuevas

- pero afirman claramente su derecho a mantener un marco ético firme para sí mismos y para cualquier grupo del cual sean responsables.
- Creen apasionadamente en la capacidad de cambio de las personas y organizaciones
  - pero respetan los temores y las ansiedades de otros y no abusan de su poder para presionar de manera agresiva, a no ser que consideren la situación descaradamente injusta.
- Disfrutan enormemente conociendo y alimentando la personalidad y el potencial de cada persona en los grupos u organizaciones
  - pero no olvidan el poder y las necesidades de cada uno globalmente.
- Son muy generosos, no sólo con su dinero sino también con sus recursos, su tiempo y su saber
  - pero se reservan firmemente su derecho a mantener amplias reservas para su propio sustento y protección.
- Suelen ser tranquilos, controlados, pacientes y confiados en sus relaciones
  - pero dejan claro que nunca permitirán que se les engañe ni que se abuse de ellos o de las personas a las que desean proteger.

Pero pongamos ahora los pies en el suelo y veamos cómo suelen comportarse estos modelos en la vida cotidiana. He escogido tres funciones normales (directivo, padre y ciudadano) para usarlas como ejemplos. Mientras lea este apartado, piense en gente que conozca y que sean (al menos relativamente) buenos ejemplos de cada tipo, porque podrían constituir muy buenos modelos. Pero recuerde que el propósito de este ejercicio es que tome más conciencia y recoja consejos útiles, no hacer que se sienta culpable. En cualquier caso, usted ya debería ser inmune a esta clase de tonterías.

Directivos generadores de autoestima

En su vida cotidiana, esta clase de persona:

- Baja a menudo de su torre de marfil y se involucra activamente en el trabajo al pie del cañón.
- Saluda a sus subordinados con cordialidad, llamando a cada uno por su nombre y mostrando interés por los antecedentes, intereses particulares y vida privada de cada uno.
- Emplea comunicación no verbal que indica respeto (p. ej., no se entromete innecesariamente en el espacio personal de otros, mantiene un contacto visual directo pero no mira a los demás desde arriba, se levanta cuando alguien entra en su despacho, organiza el mobiliario en posiciones no altivas).
- Está atento a la salud de sus subordinados y se interesa vivamente por que reciban una revisión salarial adecuada, así como beneficios sociales.
- Se interesa regularmente por la satisfacción que experimentan sus subordinados en el trabajo y pide y agradece sugerencias constructivas para realizar mejoras.
- Muestra una sincera satisfacción cuando un subordinado hace gala de habilidades o conocimientos superiores.
- Delega valientemente, sin estar encima de aquéllos a quienes se les encomiendan proyectos menores.
- Comparte abiertamente la responsabilidad de los errores y no busca cabezas de turco.

- Espera a emitir juicios sobre los fallos hasta que se hayan organizado objetivos *post mortem* (que se realizan para facilitar el aprendizaje más que para atribuir culpas y castigar).
- Organiza reuniones animadas, concebidas para facilitar que todos puedan participar.
- Da presentaciones y escribe informes, notas e instrucciones con un lenguaje comprensible, sin jergas, accesible para cualquier nivel de experiencia y cualificación.
- Establece objetivos estimulantes, que representan un desafío para el potencial de cada individuo y a la vez son claramente realizables sin peligro de que perjudiquen el espíritu de equipo.
- Valora abiertamente y recompensa los esfuerzos y la dedicación de los miembros del departamento que realizan las tareas más aburridas o menos atractivas.
- Critica rápida y directamente comportamientos y actuaciones inaceptables, pero al mismo tiempo sugiere constructivamente métodos para alcanzar el nivel exigido.
- Emplea una mano dura y enérgica para tratar rápidamente cualquier comportamiento intimidatorio, racista o sexista, así como las discriminaciones.
- Reconoce el derecho de sus subordinados a negarse a trabajar fuera de su horario si el trabajo se inmiscuye en su vida privada.
- Dirige sesiones de evaluación equitativas y bien orientadas.
- Involucra al personal de todos los niveles en los aspectos adecuados de las sesiones de planificación estratégica.
- Se interesa por mantener la organización jerárquica

tan llana y flexible como sea posible para que el poder y la responsabilidad se compartan realmente.

- Se asegura de que la ubicación en la oficina se organiza teniendo en cuenta la comodidad y el agrado del personal, como la economía y eficiencia.
- Es comprensivo ante las necesidades de los empleados que requieren flexibilidad en la organización de su trabajo (para cuidar de personas que dependan de ellos o para salir adelante en crisis personales).
- Proporciona ayuda práctica y emocional en momentos de mucho estrés o cambios.
- Se suma a las celebraciones por logros o éxitos.
- Reserva parte de su tiempo para actuar como mentor y guía de miembros jóvenes y nuevos de la plantilla y los estudiantes y comparte abiertamente los secretos de su propio éxito y su elevada autoestima.
- Se asegura de que se otorgue prioridad a los programas de formación y desarrollo personal, de que se financien adecuadamente y se diseñen consultando con los empleados.
- Despide respetuosa y consideradamente a los empleados que abandonan la empresa.

Padres generadores de autoestima

Estos padres son aquellos que:

- No sólo dicen con frecuencia «te quiero», sino también «me gustas porque...»
- Descienden al nivel de sus hijos para que su tamaño y altura no sea dominante.
- Emplean un lenguaje fácilmente comprensible, pero sin tratarlos como bebés ni con ironía.

- Escuchan con calma y atención las desordenadas historias, explicaciones y fantasías de los niños.
- Se fascinan y emocionan ante una demostración de las cualidades personales y aptitudes de un niño, que son diferentes de las propias.
- Dan muchos besos y abrazos, pero se retraen (sin mostrarse ofendidos) cuando sus hijos optan por el distanciamiento físico.
- Les dicen a sus hijos cuánto han enriquecido su vida y cuánto han aprendido de ellos.
- Prometen incondicionalmente a sus hijos que cuidarán de ellos hasta que sean capaces de desenvolverse por sí solos.
- Disponen la casa de manera que no sólo esté pensada para los adultos, sino también para los niños.
- Se esfuerzan por satisfacer las necesidades de cada niño por separado, sin seguir reglas o estrategias rígidas en la educación de los hijos.
- Educan premiando el buen comportamiento y raras veces usan los castigos.
- Estimulan a cada hijo a desarrollar su propia individualidad (p. ej., a la hora de escoger ropa, decoración de su habitación, regalos, asignaturas escolares y carrera, amigos).
- Planean y defienden su derecho a pasar un tiempo de ocio suficiente con sus hijos.
- Se apuntan a actividades de ocio y vacaciones pensadas para el placer de sus hijos, además de para su propio descanso y estímulo.
- Animan a sus hijos a cuidar de sí mismos y les enseñan las habilidades necesarias para poder sobrevivir y ser independientes.
- Piden (pero no exigen) una ayuda adecuada de sus hijos.

- Elogian a sus hijos por sus esfuerzos y pequeños progresos así como por sus grandes logros.
- Piden a sus hijos su opinión y puntos de vista y los escuchan con respeto e interés aunque difieran de los propios.
- Los apoyan en momentos de desengaños y sufrimiento (por triviales que sean) y les dejan expresar sus sentimientos con la mayor libertad posible.
- Demuestran su confianza dejando que los hijos corran riesgos calculados y aprendan de sus propios errores.
- Involucran a los hijos en el mundo adulto, en lugar de guardar distancias (p. ej., los incluyen en las conversaciones, los llevan alguna vez a la oficina y celebran reuniones sociales para todas las edades).
- Dicen «no lo sé» o «lo siento», en lugar de fingir saber todas las respuestas o tener siempre la razón.

Ciudadanos generadores de autoestima

Podemos reconocer a estas personas porque en su vida cotidiana los veremos normalmente:

- Sonreír y decir «buenos días» tanto a desconocidos como a amigos que encuentran camino del trabajo o de compras.
- Saludar amablemente y con educación a los repartidores en casa o en la oficina.
- Esforzarse (aunque no siempre lo consigan) por aprender y utilizar los nombres de las personas.
- Entablar pacientemente (pero no con condescendencia) conversaciones sencillas con gente que tiene menor nivel de educación.

- Responder al teléfono dando la impresión de que quien llama es un ser humano.
- Dar la bienvenida y mostrar verdadero interés por los recién llegados al vecindario.
- Prestar (dentro de lo razonable) sus posesiones o permitir el acceso a su propiedad cuando otros la necesiten.
- Participar (a veces de manera anónima) en pequeños actos de amabilidad con los vecinos (p. ej., ayudar a personas mayores o vigilar las casas de los vecinos cuando estén fuera).
- Mantener el exterior de su vivienda y su jardín en un estado que demuestra respeto y consideración por la comunidad.
- Tener cuidado con la basura y no deteriorar objetos que utilizan y valoran los demás.
- Esperar pacientemente cuando una persona minusválida o mayor sube a un tren o autobús o paga en el supermercado.
- Ceder su asiento en un tren o autobús a personas que lo necesitan más.
- Dar tiempo y/o dinero para ayudar a personas menos capaces o menos afortunadas económicamente.
- Procurar que los edificios comunitarios sean acogedores y accesibles para todos.
- Compartir sus conocimientos profesionales con personas que no pueden acceder a la misma formación y educación.
- Ser agradecidos con las personas que ofrecen generosamente su tiempo y servicios incluso cuando se les ha pagado adecuadamente.
- Escribir cartas de agradecimiento a personas y organizaciones que ofrecen servicios públicos que normalmente se dan por hechos.

- Esforzarse por comprender y acomodarse a las necesidades y los deseos de personas de distintas culturas, generaciones y religiones.
- Negarse a participar en cotilleos o rumores maliciosos.
- Mostrar desdén por el humor que hace daño o que ridiculiza a quien no tiene capacidad para defenderse.
- Contrarrestar asertivamente el lenguaje racista o sexista cuando oyen que se utiliza.
- Conducir sus vehículos con consideración hacia las necesidades y los deseos de los demás, dentro y fuera de la carretera.
- Emplear productos respetuosos del medio ambiente incluso cuando están fuera de su ciudad.
- Preocuparse por las necesidades de los hijos de los demás en las reuniones de padres del colegio, así como por los demás pacientes del hospital, incluso cuando saben que ellos mismos van a ser dados de alta.
- Apoyar proyectos destinados a proteger la seguridad de los niños, los minusválidos o los ancianos, aunque ellos mismos sean jóvenes, sin hijos y capacitados.
- Defender los derechos e intereses de personas que no pueden defenderse a sí mismas.
- Combatir leyes, normas y prácticas injustas o discriminatorias, incluso cuando no les afecten directamente.
- Votar y apoyar a políticos que tienen la capacidad personal y el compromiso de poner en práctica la teoría democrática.
- Mantenerse informados y promover debates sobre asuntos importantes para su comunidad y el mundo, aunque ellos vivan cómodamente.

Es de esperar que la lectura de todo lo anterior le habrá dejado en un estado de inspiración y emoción, pero sin duda le habrá permitido reflexionar críticamente acerca de su propio comportamiento. Si se siente suficientemente satisfecho porque su comportamiento cotidiano iguala el de los ejemplos citados, no continúe leyendo; siga así. Pero si prefiere reforzar su capacidad de generar autoestima, aquí doy algunas orientaciones para el desarrollo personal, que puede seguir.

PASO 1: ANALICE SUS CAPACIDADES ACTUALES

Éste es el primer paso habitual, que le ayudará a planear un programa eficaz, porque usted sabrá exactamente cuánto tiempo necesita dedicar a este aspecto de su desarrollo personal.

Ejercicio: evaluación de mi capacidad actual para generar autoestima

1. Tómese un momento para recordar a algunas personas generadoras de autoestima que conozca.
   En su imaginación, sitúelos juntos en un rincón de una habitación grande. Observe cómo se comportan entre sí.
2. Imagine ahora en otro rincón a un grupo de personas que habitualmente, de forma intencionada o no, parecen disminuir el sentido de valor de las personas (estoy segura de que si usted ha tenido un problema de autoestima conocerá muchos ejemplos).

3. Imagine que unos visitantes entran en la habitación. ¿Adónde parecen inclinados a ir? ¿Cómo son recibidos por cada grupo? Visualice el comportamiento verbal y no verbal de cada uno.

4. Congele la imagen e imagínese que entra usted en la habitación. Sitúese en relación con los dos grupos. Escoja cuidadosamente un punto que pueda ser indicativo de sus capacidades actuales de generación de autoestima (normalmente, la mayor parte del tiempo será igual a la mayoría de las personas).

¿Le ha parecido fácil el ejercicio? Si ha conseguido visualizar la escena, ¿se ha visto a sí mismo andando de un lado a otro de la habitación entre los dos grupos o queriendo darse la vuelta y escapar? Sin duda, su capacidad de generación de autoestima, como la de la mayoría de la gente, tiende a fluctuar. Yo misma sé que algunos días estaría más a gusto entre los «buenos», mientras que otros días me sentiría desagradablemente cerca de los «malos». También sé que tiendo a ser siempre agradable con algunas personas, mientras que con otras parezco mostrar mi aspecto menos afectuoso. A no ser que queramos dejar de ser humanos y pedir que nos canonicen, esto es lo que suele pasar, hasta cierto punto. En cualquier caso, si quiere parecerse más a las personas generadoras de autoestima la mayor parte del tiempo, piense ahora en reservar parte de su tiempo para trabajar los cinco pasos siguientes. Mientras tanto, pase el mayor tiempo posible con personas ejemplares y observe los aspectos útiles de su comportamiento.

PASO 2: CONSOLIDE SU RESISTENCIA A LA TENTACIÓN

En la introducción de este libro mencioné el elevado precio que pueden llegar a pagar tanto los individuos como las sociedades a las que pertenecen, por tener una autoestima baja. El coste es tan alto que un visitante de otro planeta sin duda se sorprendería al ver una sociedad que perdona continuamente y a menudo fomenta este comportamiento autodestructivo. Al no pertenecer a la raza humana, les sería difícil comprender por qué nos tientan tan fácilmente las recompensas a corto plazo que ofrece el comportamiento de baja autoestima, a menudo de forma tan evidente.

Pero somos falibles, y estoy segura de que el lector sincero admitirá la seducción de los encantos de la baja autoestima de los demás en algún momento. El cuadro siguiente está diseñado para ayudarle a reforzar su decisión de negarse a fomentar la baja autoestima de otras personas, recordándole el perjuicio que entraña a largo plazo dejarse llevar por estos juegos seductores.

EFECTOS A LARGO PLAZO DEL COMPORTAMIENTO DE BAJA AUTOESTIMA

1. Comportamiento seductor de baja autoestima 2. Beneficios a corto plazo 3. Efectos a largo plazo

| 1. Adulación/ servilismo (personas que hacen la pelota al profesor; doran la píldora al jefe; adoradores de gurús; amantes ciegos) | 2. Si estamos en el lado receptor, nos sentimos halagados y más importantes y recibimos una inyección de auto-estima falsa | 3. Los ídolos y adorados se aburren y se irritan. Pierden respeto por los aduladores y los rechazan o se vuelven agresivos (dañando así su propia autoestima) |

1. Inhibición y represión (personas no asertivas que se guardan sus opiniones en las reuniones, que no interfieren, no se quejan ni remueven cuestiones; los que dejan que otros tomen el mando y sonríen a los que se cuelan en una cola)

2. Podemos tomar decisiones rápidas y terminar trabajos con mayor prontitud dejando que estas personas no intervengan

3. Se pierden muchas buenas ideas y críticas constructivas en perjuicio de la calidad y la innovación (p. ej., políticos cuyas políticas están desfasadas y empresas cuyos productos de pacotilla no los quiere nadie)

1. Hacerse el tonto o el desvalido (damiselas afligidas; demandantes perpetuos de consejos innecesarios)

2. Si nos piden esta clase de ayuda, disfrutamos de la gloria del culto a los héroes

3. Los salvadores heroicos e inteligentes se queman al asumir demasiada responsabilidad y se hartan y enferman en sus pedestales (como el cabeza de familia que no conoce a sus hijos o el ejecutivo sin amigos que muere prematuramente, sin nadie que lo llore)

1. Sumisión/servilismo y conformismo (el niño que no ocasiona problemas; el diente obediente de la rueda de engranaje; la sonriente esclava del hogar)

2. Vivimos y trabajamos en un ambiente tranquilo y el futuro parece predecible

3. Se genera resentimiento que estalla repentina e incontroladamente en forma de rebelión agresiva (p. ej., adolescentes difíciles; obreros que se amotinan; levantamientos encarnizados de los oprimidos)

1. Benefactores (p. ej., los que por agradar a los demás ayudan a la gente innecesariamente noche y día; artesanos altruistas que cobran de menos por

2. Recogemos los frutos materiales de un trabajo barato y prometedor

3. Los ayudados se sienten demasiado culpables y avergonzados como para disfrutar del éxito y la riqueza; la excesiva dependencia de los

sus productos; voluntarios que prestan servicios gratuitos que pueden y deben pagarse; empleados que con gusto sacrifican su tiempo libre pare asegurarse que el trabajo queda terminado)

benefactores conduce a la dificultad en la supervivencia cuando éstos se van o se queman (como el pobre millonario que no puede disfrutar de sus riquezas mal ganadas; el viudo inútil de la «buena mujer»; la organización benéfica que se paraliza cuando su principal «mártir por la causa» cae enfermo).

1. Asumir y absorber la culpa con gusto (chivos expiatorios voluntarios que asumen inmediatamente la culpa cuando surge cualquier problema; personas que piden perdón cuando los arrollan por la calle; el niño objeto de abusos que cree que se los merece; la secretaria complaciente que asume la culpa de los errores de su jefe; los que confiesan faltas no cometidas para proteger a sus seres queridos; la mujer maltratada que sufre en silencio; la víctima del incesto de un adulto querido)

2. Estas personas pueden dejar que quedemos impunes y sin culpa por nuestros errores

3. La intimidación y otras conductas injustas pueden llegar a aceptarse como normales e incluso institucionalizarse. Se reduce la motivación para actuar con consideración y equidad o trabajar con cuidado y eficiencia. Pueden producirse graves errores (contabilidad ineficaz, que puede arruinar una empresa; una víctima puede resultar gravemente herida o muerta; un niño consentido puede darse secretamente a la droga; asistentes sociales desbordados que dejan de investigar a familias en riesgo; encarcelamiento o ejecución de gente inocente).

Ejercicio: manejo de la tentación

1. Lea la lista, recordando que no es exhaustiva y armándose de toda la sinceridad de que sea capaz. Recuerde ocasiones en que haya caído en la tentación de estimular comportamientos parecidos de baja autoestima. Observe asimismo qué resultados negativos hubo o pudo haber.
2. Si es posible, comparta lo anterior con un amigo o compañero comprensivo. Tenga claro que la función de su amigo no es escuchar en confesión y perdonar, sino simplemente discutir con usted ideas constructivas acerca de cómo puede resistirse en el futuro a tentaciones parecidas.

Por ejemplo:

- **Con respecto al conformismo excesivo:** pida más críticas constructivas; contrate un curso de formación de la asertividad para su empresa o para un individuo concreto.
- **Con respecto a la inhibición:** asegúrese de que todo el mundo tiene oportunidad de expresarse en las reuniones familiares o de trabajo. Establezca un procedimiento sencillo de presentación de quejas.
- **Con respecto a los benefactores:** Pague por los servicios (aunque sea con una donación a una obra de caridad) que crea que podrían y deberían ser remunerados.
- **Con respecto al desvalimiento:** niéguese a ayudar, aunque ello signifique que tenga que esperar y soportar los lamentos de la persona «desvalida».

PASO 3: CONTROLE SUS PREJUICIOS

Tendemos a pensar que los prejuicios son algo desagradable que anida en las mentes de las personas egoístas y de miras estrechas. A menudo, a las personas genuinamente preocupadas por elevar la autoestima de los demás les resulta muy difícil admitir que son afectados por tendencias negativas hacia otras personas. Pero, nos guste o no, todos estamos contaminados por un bagaje psicológico (adquirido incluso en los medios más «respetables») que nos predispone a adoptar una actitud más favorable hacia unas personas que hacia otras. Empujar nuestras actitudes incómodas a la parte más recóndita de nuestra mente sólo servirá para aumentar la capacidad de perjudicar nuestros intentos de ayudar a los demás. El peligro reside en que, en el mejor de los casos, dichos prejuicios pueden aflorar de nuestro inconsciente, sin que nos demos cuenta, en forma de conducta de rechazo racionalizado.

Quizá los prejuicios más difíciles de controlar son aquellos que están firmemente enraizados en nuestra cultura general y que, además, han sido reforzados por una experiencia emocional personal. Estas experiencias nos producen el convencimiento de que estamos actuando por el interés de la otra persona, cuando en realidad estamos perjudicando su autoestima.

Consideremos algunos ejemplos de comportamientos bien intencionados que, obviamente, difieren mucho de los prejuicios evidentes, como observaciones racistas o sexistas, pero que de todas formas contienen sutiles ofensas.

1. Comportamiento bien intencionado: «¡Estupendo, bien hecho! Teniendo en cuenta que te has criado en una familia de empleados de la banca, tu logro es especialmente sorprendente»

2. Prejuicio negado: los que trabajan en bancos son aburridos y pedantes

3. Posible causa: la experiencia de haber tenido por padre a un insulso director de banco, reforzada por una creencia cultural general sobre los empleados de la banca

1. «Sé que deseabas trabajar directamente con clientes, pero como tienes una voz tan maravillosamente fuerte, creo que sería mejor para ti trabajar en ventas por teléfono. No aprovecharías al máximo tu capacidad trabajando en el campo»

2. Prejuicio negado: las personas con voz fuerte no deberían estar nunca en contacto directo con los clientes

3. Posible causa: anécdota personal negativa sobre un contrato perdido, contada por un formador muy respetado en un curso de gestión, reforzada por la creencia cultural de que una voz fuerte en una mujer no es atractiva

1. «Haces un trabajo estupendo y no encuentro fallos en tu rendimiento, pero ¿no es hora de que te tomes las cosas con más calma? Sé que estás en forma y que te encanta tu trabajo, pero ¿no crees que ahora mereces una vida más tranquila?» (Dicho poco después de que un amigo cumpla 60 años)

2. Prejuicio negado: las personas mayores de 60 años tienen menos capacidad física y mental para realizar su trabajo que cuando tenían 59 años.

3. Posible causa: actitudes culturales hacia las personas mayores y edad de jubilación fija, fomentadas por una experiencia personal de padres queridos que envejecieron prematuramente

No creo que exista forma fácil y rápida de librarse de esta clase de prejuicios. Para la mayoría de las personas es más eficaz pensar en controlarlos mejor. Esto puede hacerse pidiendo periódicamente, de modo asertivo y valeroso, una opinión sincera y una valoración constructiva de las personas que reciben nuestra ayuda o, al menos, de otras personas en quienes se pueda confiar como observadores objetivos de nuestra conducta. Pero, como saben todas las personas que han recibido formación como terapeutas, podemos volvernos más imparciales realizando alguna de las actividades que sugiero en el ejercicio siguiente.

Ejercicio: ampliación de los límites de nuestra empatía

Pruebe estas formas de desarrollar su empatía. Y luego, ¿por qué no prueba a realizar otros ejercicios para usted mismo? Ello le ayudaría, por ejemplo, a ser más comprensivo con las personas concretas a las que esté intentando ayudar.

1. Durante la próxima semana, cómprese tres periódicos distintos de los que suele leer. Señale las historias, artículos o citas que le susciten una respuesta crítica (p. ej., «Me gustaría que no hicieran siempre...» / «La gente no debería...» / «Lo que le pasa al mundo de hoy es que...» etc.)
2. Vea dos programas de televisión que suela detestar, imaginando mientras tanto que es usted una persona que realmente los disfruta. Esfuércese por disfrutarlos y observe los aspectos positivos de estos programas.

3. Escoja una persona a quien le gustaría ayudar con su autoestima y reflexione sobre cómo habrá pasado dicha persona la semana previa. Escriba un diario personal imaginario de esta persona correspondiente a la semana anterior, observando cómo puede haber reaccionado no sólo frente a acontecimientos personales, sino también frente a las noticias, el tiempo, etc. Luego, si es posible, reserve un momento para charlar con esta persona acerca de la semana y observe su grado de acierto en su intento de ponerse en su lugar. Si se ve sorprendido, exprese sus sentimientos (p. ej., «No creí que estuvieras tan harto/ que te gustara ese tipo de música/que te llevaras tan bien con...») y hable de ello. Posteriormente reflexione y trate de descubrir si la inexactitud de su suposición se debe sobre todo a la falta de comunicación de la otra persona o a un prejuicio suyo.

4. Comparta primeras impresiones con varias personas con las que pueda hablar con confianza. Si observan prejuicios iniciales conjuntos, discuta las posibles causas de éstos y como se han corregido.

PASO 4: MEJORE SU CAPACIDAD DE ESCUCHAR

Éste es posiblemente el paso más importante de todos. La capacidad para escuchar a los demás es la principal característica de las personas que generan autoestima. Mucha gente piensa que todo lo que hay que hacer para escuchar bien es estar callado. Esto puede ser cierto si la persona que habla es un orador muy divertido, positivo, enérgico, carismático y hábil. Pero no es el caso de las personas con baja autoestima, que suelen ser el polo opuesto. Por cruel que suene, si permanecemos demasiado callados en su compañía, hay muchas posibilidades de que nos durmamos o de que dejen de hablar.

La baja autoestima puede tener un efecto devastadoramente negativo en la articulación y en el tono de la voz. Sé que cuando mi autoestima se encuentra en un nivel muy bajo, hablo entre dientes y torpemente, con frases largas mal elaboradas, haciendo imposible que incluso las personas más cercanas y queridas entiendan lo que quiero. También he comprobado que el habla de otras personas se ve afectada de distinta forma. Algunas personas descubren que cuando su autoestima se encuentra débil, apenas son capaces de proferir monosílabos, mientras que otras quedan sin habla.

Por lo tanto, contrariamente a la creencia general, la clave para escuchar bien no es una paciencia comprensiva infinita, sino una participación activa. A continuación presento una lista de consejos extraídos de la formación de terapeutas, que pueden utilizarse como lista de seguimiento para controlar y mejorar su propia habilidad.

CONSEJOS PARA ESCUCHAR ESTIMULANDO A LAS PERSONAS CON UN NIVEL BAJO DE AUTOESTIMA

- Si dispone de poco tiempo, diga claramente (si es posible, antes de que empiecen a hablar) de cuánto tiempo dispone y asuma la responsabilidad de finalizar la conversación (no mejora la autoestima de nadie ser escuchado de mala gana).
- No interrumpa para contar una historia suya (p. ej., «Vaya; lo mismo me pasó a mí cuando...» o «Vaya por Dios, nunca he estado allí»).

- Si está hablando cara a cara, trate de mirar a los ojos, pero no lo haga fijamente todo el tiempo. El contacto que puede esperarse dependerá de los antecedentes culturales de la persona que habla. Por ejemplo, en la mayoría de las culturas occidentales puede esperarse un contacto visual del 50 por ciento aproximadamente, pero las personas de culturas orientales considerarían esta proporción intimidante. Si le distrae la falta de contacto visual, dígalo, pues las personas con baja autoestima no suelen ser conscientes de su mirada errante (p. ej., podría decir: «Me resulta difícil concentrarme en lo que dices si miras hacia otro lado»).
- No adopte un aire protector inclinándose demasiado, ni amenazador, situándose demasiado cerca. Las personas con baja autoestima suelen sentirse más cómodas con un espacio vital más amplio que la mayoría. Incluso si está hablando por teléfono, adopte una posición erguida, en lugar de recostada como si fuera a quedarse dormido en cualquier momento.
- Si a la persona en cuestión le resulta difícil hablar, es posible que le ayude imitar su tono de voz y posición corporal. (Los terapeutas expertos, con una habilidad de empatía muy desarrollada, suelen hacerlo de forma automática.)
- Recalque su atención con multitud de asentimientos, gruñidos o palabras de ánimo («Um», «¿De verdad?», «Eso es muy interesante», etc.)
- Repita la última palabra o el final de la frase de su interlocutor, con un tono adecuado («¡Manchester!» o «...tres informes»). Aunque pueda parecer algo extraño, tienen el efecto de indicar que está escuchando activamente, sin interrumpir el discurso. Si no ha utilizado esta técnica con anterioridad (o cree que

no lo ha hecho) observe a otros buenos oyentes antes de practicarla usted mismo.

- Transcurrido un minuto aproximadamente, haga un pequeño resumen (interrumpiendo si es preciso) de lo que cree que ha entendido («Así que ha sido una semana difícil»).
- Plantee preguntas abiertas en lugar de cerradas, para que la persona aclare y amplíe lo que está diciendo (p. ej., preguntar «¿Qué te pareció aquello?» o «¿Cómo te sentiste?» es más útil que limitar la posible respuesta preguntando específicamente «¿Te enfadaste?» o «¿Fue muy difícil para ti?»).
- Utilice de tanto en tanto el nombre de la persona al hacer preguntas o comentarios.
- De vez en cuando formule una afirmación de comprensión o una pregunta para comprobar que ha entendido correctamente sus sentimientos (como «Eso debe haberte irritado» o «Pareces satisfecho, ¿lo estabas?»).
- Contraste el mensaje que está recibiendo con el lenguaje corporal de la persona que habla («Estoy confundido, pues aunque has dicho claramente que te gustó, fruncías el entrecejo mientras lo decías»). En su inquietud, las personas con baja autoestima lanzan, inintencionadamente, mensajes confusos y desconcertantes.
- Evite llenar rápidamente los silencios con buenos consejos, palabras tranquilizadoras innecesarias o bromas para animar. Deje tiempo para una pausa, pero no más del que dejaría a personas seguras, capaces de soportar los silencios sin asustarse. Estimule entonces a la persona, reformulando algo que haya dicho (p. ej., «Parece que los seis últimos meses han sido cuesta arriba»). También, sin atribuir sentimien-

tos a la persona («Estás avergonzada, ¿no es así?»), intente adivinar comprensivamente el sentimiento que se esconde tras el silencio («Me pregunto si no te resulta difícil hablar de esto ahora»).

- Si usted va a finalizar la conversación, cosa que tendrá que hacer a menudo, hágalo resumiendo su impresión de todo lo que ha oído y, si es oportuno, añada un comentario final positivo (p. ej., «Ahora tengo una idea mucho más clara de lo que hace falta. Gracias por decírmelo»).

Ejercicio: mejora de la capacidad de escuchar

1. Tenga a mano la lista anterior y vea varios programas de televisión o escuche varios debates en la radio, y vea si es capaz de reconocer la utilización de alguno de estos consejos. Observe también los malos hábitos de escucha que perciba.
2. Practique con un amigo esta habilidad, hablando cada uno cinco minutos sobre un tema concreto y comentando sus apreciaciones. Si se sienten con valor, grábense y repitan el ejercicio hasta que aprecien una clara mejora.

No olvide que escuchar es una habilidad que puede aprender cualquiera. Nadie nace siendo buen o mal oyente.

PASO 5: MEJORE SU CAPACIDAD DE HACER CUMPLIDOS Y EXPRESAR SU GRATITUD

Al igual que sucede con la capacidad de escuchar, mostrar una reacción positiva es más difícil de lo que parece. También aquí existe confusión: suele creerse que todo lo que hay que hacer es aumentar la cantidad de cumplidos emitidos cuando, en realidad, esto puede ser contraproducente, pues suele sonar a falso y condescendiente.

Cómo hacer cumplidos eficaces a las personas con baja autoestima

* **Escoja el momento y el lugar adecuados:** no lo haga en medio de una conversación apresurada, cuando apenas se acusen o se despachen fácilmente. Evite también la tentación de intentar animarlos cuando se encuentran manifiestamente en un estado de ánimo muy negativo. Lo único que conseguirá es verse rechazado, y ellos se sentirán peor por no ser capaces de responder a su amabilidad. Recuerde también que las personas con baja autoestima probablemente apreciarán más los cumplidos hechos en privado. A medida que se desarrolle su autoestima, podrá hacerles más elogios en público. En determinadas organizaciones y grupos donde tradicionalmente han escaseado los cumplidos, puede resultar acertado empezar reservando un tiempo acordado para sesiones de evaluación mutua (p. ej., comenzando o acabando las reuniones de personal manifestando el agradecimiento a los participantes).

- **Intente mantener el contacto visual:** esto puede ser difícil porque su interlocutor tenga la mirada clavada en el suelo o en el techo.
- **Sea concreto:** los cumplidos generales no dan tanto resultado y tienden a ser menos creíbles. También pueden contrarrestarse con mayor facilidad. Por ejemplo, compare un «Ha preparado usted un informe excelente» (general) con un «Los datos de su informe eran exactos y me ha gustado mucho la brevedad del resumen. ¡Bien hecho!» (específico).
- **Utilice el nombre de la persona.**
- **Sea directo y utilice frases con «yo» o «a mí»:** éstas tienen siempre mayor impacto y son más fáciles de creer («Me ha gustado su presentación» en lugar de «Ha sido una presentación buena» u «Hoy su presentación ha sido agradable»).
- **Sea moderado:** evite la adulación exagerada, por ejemplo, «Eres maravilloso, un milagro. No hay quien te pueda igualar. ¿Cómo puedes no darte cuenta de que eres único?» En realidad, es preferible pecar de modestia hasta que se sientan más cómodos con los halagos.
- **No añada un menosprecio de sí mismo:** éste es un error frecuente que vale la pena corregir («Qué organizado eres. Me gustaría ser tan ordenado como tú; ¡mira cómo tengo la mesa!»). Suele creerse erróneamente que esta clase de observaciones, realizadas a continuación de un halago, constituirán un mayor estímulo para las personas que tienden a sentirse inferiores y menos capaces que los demás. En realidad, lo que se consigue es elevar su nivel de ansiedad y reforzar su deseo de seguir mereciendo el halago y hacer algo que le agrade y anime a usted.

- **No añada un menosprecio no intencionado hacia ellos:** como en nuestra sociedad hacer cumplidos sigue siendo embarazoso, suele añadirse una pequeña broma («¡Qué bien que has encargado el material de papelería! Creía que no volveríamos a ver un sobre en esta oficina»). Las personas seguras de sí mismas no advertirán siquiera estas ironías o incluso agradecerán la apelación a su propia inteligencia y sentido del humor, pero la tendencia negativa de las personas con baja autoestima se cebará ansiosamente con dichas observaciones. Su cumplido habrá sido una pérdida de energía.

- **Repita el cumplido varias veces si está siendo rechazado:** no refuerce el juego de baja autoestima consistente en devolver el cumplido a quien lo hace.

- **Refuerce su aprecio por escrito con tanta frecuencia como sea posible:** a menudo, las personas con baja autoestima encuentran que los halagos por escrito son más fáciles de digerir.

- **Enseñe el arte de saber recibir un halago:** por ejemplo, usted podría pedir que le hicieran un cumplido («¿Te gusta cómo me sienta este color?») y manifestar posteriormente su placer con una abierta sonrisa y un agradecido «Gracias». (Ésta es una forma muy agradable y eficaz de romper las barreras defensivas.)

Ejercicio: mejora de la capacidad de hacer cumplidos

1. Escriba los nombres de varias personas cuya autoestima agradecería un empujón. Basándose en lo anterior, anote algunos cumplidos que podría hacerles y señale una fecha para esta buena acción.

2. Escriba una breve carta o nota de agradecimiento a una persona que usted piense que no suele recibirlas, pero a quien le vendría bien (quizá a una persona modesta que se esconde en un lugar discreto de su oficina o a un familiar lejano de edad avanzada, o al vendedor de billetes que es especialmente agradable y respetuoso o a una persona que no conoce personalmente pero de cuyo sufrimiento haya sabido por el periódico o la televisión).

PASO 6: PROCÚRESE APOYO PARA USTED Y SU MISIÓN

En el proceso de refuerzo de la autoestima, el progreso puede parecer a veces ingratamente lento. Aunque sepamos que las personas pueden estar teniendo cambios psicológicos positivos, cuando su aspecto y conducta no reflejan este progreso inmediatamente, es fácil desanimarse. Una de las formas más importantes de hacernos resistentes al desánimo es estar convencidos de que contamos con el apoyo de personas que aprecian lo que tratamos de hacer y que comprenden el proceso.

Hay varias formas de procurarse este tipo de apoyo, por ejemplo:

- Mediante conversaciones informales con amigos interesados.
- Adhiriéndose a una de las organizaciones de ayuda que existen para personas dedicadas a la causa de reforzar la autoestima de los demás. Hay organizaciones de este tipo en muchos países en todo el mundo (puede obtenerse información en un

centro de salud, una biblioteca o una asociación de salud mental).
– Leyendo libros o viendo programas al respecto.

En este momento, en Gran Bretaña estamos atravesando un período en que esta clase de enfoque destinado a ayudar a las personas es muy atacado, especialmente en los medios de comunicación sensacionalistas. Muchas personas se están asustando por el creciente nivel de violencia y desorden de la sociedad moderna y nos atacan a los «bienhechores» con acusaciones descabelladas e infundadas. Con este ambiente, incluso personas expertas como yo, avaladas por años de éxito, necesitamos el estímulo de personas que piensen como nosotros. Pero globalmente, el panorama me parece estimulante. Me consta que el interés por el desarrollo personal esta creciendo rápida y frenéticamente.

La revolución más importante de nuestra generación es el descubrimiento de que los seres humanos, cambiando las actitudes internas de su mente, pueden modificar los aspectos externos de sus vidas.

WILLIAM JAMES

Así que, cínicos y pesimistas, ¡cuidado! En la última década, el mundo ha comenzado a reunir un gran ejército de hábiles e informados constructores de la autoestima que, pacífica pero decididamente, están provocando asombrosos cambios psicológicos. •

¡Bienvenidos a la revolución!

EN ESTA MISMA
COLECCIÓN

*Una guía para alcanzar la estabilidad
psíquica y la madurez personal.*

En la vida cotidiana muchas veces nos vemos asaltados por
pensamientos perturbadores, bajones anímicos, sentimientos
de culpabilidad o de baja autoestima. A raíz de ello vemos el
futuro con pesimismo y no somos capaces de superar las
dificultades. Sin embargo, la depresión, la ira, la vergüenza,
la tristeza y la ansiedad, así como todos los estados de ánimo
autodestructivos, pueden ser comprendidos y superados,
consiguiendo así una relación armoniosa con nosotros mismos que nos permitirá afrontar la vida con optimismo y felicidad. En este libro encontrará todas las claves y métodos
para lograrlo.

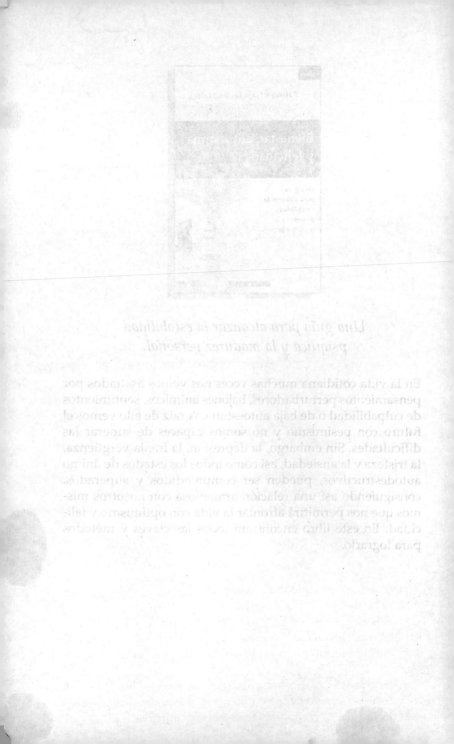

Cómo saber lo que realmente quieres hacer y cómo conseguirlo.

Llegado un punto de nuestras vidas, muchos de nosotros descubrimos que, por inercia, hemos caído en situaciones y rutinas sumamente insatisfactorias. De pronto comprendemos que no vivimos conforme a nuestros deseos y, aún peor, que ni siquiera sabemos cuáles son esos deseos. Ésta es la clave del problema: el desconocimiento de nuestros deseos más profundos y verdaderos. Un muro invisible cimentado en la pasividad nos separa de nuestros sueños, pero abrir una brecha en ese muro no es tan difícil como pudiera pensarse. Basta con un poco de convicción y empuje. Este libro original y apasionante te ayudará, mediante consejos prácticos y sencillos, a descubrir tus mayores aspiraciones y a realizarlas.

Barbara Sheer es terapeuta y asesora en el campo de la orientación profesional. Ha organizado numerosos seminarios en Estados Unidos sobre trabajo en equipo, creatividad y comunicación. *Descúbrete a ti mismo* y sus anteriores obras la revelan como una auténtica experta de la motivación.

Barbara Smith colabora regularmente con *New York Woman, Elle, The Washington Post* y otras publicaciones. Imparte clases de técnica narrativa en Yale y otros centros.

Salud, belleza y sexualidad.

Una guía práctica y amena que ofrece respuesta a las principales cuestiones que preocupan a la mujer de hoy: hábitos alimentarios, relaciones sexuales, estrés, cirugía estética, depresión, alteraciones anímicas, vestuario, amistades, relaciones con los hombres, psicoanálisis... En suma, un libro imprescindible para las mujeres de nuestro tiempo, que incluye un compendio de informaciones útiles y aplicables en la vida familiar, social y laboral.

Dra. C. Ashley Kraus

**Preguntas
de mujer**

Salud, belleza y sexualidad

Una guía práctica y amena que ofrece respuesta a las principales cuestiones que preocupan a la mujer de hoy: hábitos alimentarios, relaciones sexuales, ... cirugía estética, depresión, alteraciones anímicas, vestir, ... relaciones con los hombres, pastelería... En suma, un libro imprescindible para las mujer... de nuestro tiempo, que incluye un abundante ... de informaciones útiles y aplicables en la vida familiar, social y laboral.